ライオンズファン
解体新書
～南国の怪童トバシーサー山川～

浮間六太 著　コダイラショウヘイ 画

TOブックス

※本書に掲載されている情報は、2018年 11 月現在のものです。

ライオンズファン解体新書 ～南国の怪童トバシーサー山川～　目次

※文中敬称略

第1章

ライオンズ「本拠地」あるある

001

180億円大改修の40周年記念事業にときめきとワクワクが止まらない。

2017年に発表された埼玉西武ライオンズ40周年記念事業。そのメインとなるのが総額180億円をかけた球場と周辺施設の大改修。所沢移転当時は最新と称された各施設も、今では各所に老朽化や旧式化が目立つ。でも、これで古い2軍施設や選手寮ともおさらば！　ネット裏の新エリアや大型ショップが新設され、外周通路は拡張されてイベントスペースも作られる。この記念事業への期待の表れか、2018年の西武鉄道の株主総会では、これまで恒例だったライオンズへの厳しい質問や苦言がゼロだったそう。全面完成予定の2021年が待ち遠しいけれど、それだけお金があるのならもう少し主力選手のFA流出対策に使ってくれても、と思わないでもない。

180億円大改修
MetLife Dome
改修男《かいしゅうお》ーー!!
山田遥楓を
イメージキャラに!
Lions

002

球場に向かう駅から、電車の中から外から、すでにライオンズは始まっている。

西武線でメットライフドーム（メラド）に向かう時、人気の「選手ポスター」を始めとするライオンズのポスター達が、まずは駅でファンをお出迎え。そして数多い西武線のラッピング電車の中でも、ライオンズファンに訴えかけるのがＬ－Ｔｒａｉｎ。現在数えて3代目。２編成に増加され、池袋線のみならず新宿線や拝島線でも運用中。シートに球団のロゴを入れるなど内装も凝っている。試合当日、このＬ－Ｔｒａｉｎでメラドに行けたらテンションアップ間違いなし（球場と反対方向に走り去ってくのを見ると、何か嫌な予感がするけど）。早めの電車に乗ると、外国人選手やチア、スタジアムＤＪに遭遇できることも。ライオンズは、球場に向かう時から始まっているのだ。

家ドコ？ 新座？ オーウ…新秋津カラ秋津ノ乗り換え面倒ネ
詳しい！ さすが電車通勤5年目!!

003

電車を降りて改札を抜けたら、そこにはいきなりボールパークが広がっている。

メットライフドームの最寄り駅、西武球場前駅。試合日にこの駅で降りる乗客の99％は野球目当て。ユニフォームを着用し、応援グッズを携えた人々と駅のホームを粛々と歩く行為は、厳かな儀式のようで密かにテンションが上がる。そして駅前はいきなり「ドーム前広場」。駅近の野球場はいくつかあるが、駅と球場の敷地が直結してるのはメットライフドームだけ。グルメワゴン、ショップ、なにより溢れ返る野球ファンの人いきれで、改札を抜けたらすぐに野球モード全開になれる。まさに野球のために作られた駅だが、近隣はろくに店もなく閑散としていて、野球以外はちょっぴり苦手なお土地柄。近くにコンビニが1つしかないのに湖は2つもあるってどんな駅だ。

004

自称〝自然共生型ドーム〟は他称〝蒸し風呂ドーム〟。

メットライフドームは既成の野外球場に屋根を被せた「後乗せ式」ドーム球場。ただし屋根はあるけど壁はなし。完成前は「壁がないから風が抜けて夏も涼しい」なんて楽観してたけど、蓋を開けたら（と言うか蓋を閉じたら）熱が籠って暑いのなんの。風が通り抜けるのはスタンド上部だけ（もちろん無風の日は通り抜けない）で、下の席に行くほど熱気が溜まる仕様。高い料金を払った客ほど辛い思いをしなくちゃならないんだからやるせない。自称〝自然共生型ドーム〟だけど、他球団ファンからのみならず当のライオンズファンからも〝蒸し風呂ドーム〟と揶揄される始末。40周年記念事業の球場改修が始まっているけれど、是非とも空調設備から手を着けてほしかった。

005

自然共生型ドームは、暑さのみならず厳しい寒さとも共生する。

夏は夜でもうだるような暑さのメットライフドームだけど、都内から離れた丘陵地帯という立地のため、春先や初秋は凍える寒さ。開幕カードで入場者全員に防寒グッズが配られるのはここ数年のお約束。それはもう「ファングッズ」というより「サバイバルグッズ」といった趣。チームはペナントレースを、選手はレギュラー争いを生き残るのに大変だけれど、ファンだって寒い中で観戦するのは命懸けなのだ。ナイターは寒くても昼間は暖かいんじゃないかって？　雨を防いでくれる大きな屋根が、温かい日差しまで防いでしまうため、残念ながら答えは「昼でも寒い」。だがしかし、同じ時期の仙台のナイターに比べたら、ずっと暖かいと思う。東北の寒さは半端ないって。

ブルブルブルブルブルブル
リプレイ検証長いっすね
……うん
あったかい狭山茶飲みたい…
CTG
Lions

006

あながち否定できない「メットライフドーム登山説」。

メットライフドームのバックスクリーン後方にある入場門をくぐると、そこに待ち受けているのはスタンドではなく長い坂道。よく「あそこって山の中だよね」と冗談めかして言われるけど、外周通路である上り坂を延々歩くうちに、何だか本当に山登り気分になってくる。事実この球場は丘陵を掘削して作られており、丘がそのまま使われたスタンドはちょっとした小山と言っても過言ではない。ただそれだけに、坂の1番上の「山頂」から見渡す球場の眺めは正に絶景。この風景を目の当たりにして「素晴らしい」と思えたら立派な野球ファン。「やっぱりメラドが日本一！」と信じて疑わないようなら立派なライオンズ中毒。息が上がって景色どころじゃない人は、ただの運動不足。

もうダメだ ひとりで行ってくれ・・・
ガンバレ! あと少しだ!
頂上のレストランで熱いスープを飲もう!
あそこはボックス席の客しか入れないよー

007

虫以外にも色々出没します。だってトトロの森だもの。

2016年、楽天イーグルスにFA移籍した岸孝之投手。岸擁護派であり、彼の流出を悲しんだ筆者でさえカチンときたのが「自分は虫が苦手だが、一部ドーム球場では虫が出る」と、暗にメットライフドームをディスる発言をしたというエピソード。別に虫なんかどこにだっているだろ！　一部じゃないドームにだって出入り口や通風口から入って来るよ！　そもそもメットライフドームとその周辺は虫どころか鳥も猫もコウモリもタヌキも出るぞ！　そりゃあ、こちとらトトロの森だってんだ！　いい子にしていたらトトロにも会えるし猫バスにだって乗れるぞ！　なお、まっくろくろすけの目撃例はないけれど、まっくろ松崎しげるはしばしば出没します。

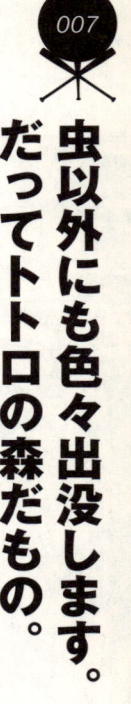

この球場
俺が出てから
トトロっぽいのが
増えた気が・・・
ンビール
清水建
TO-D
テレ王
大王
10
33
60
37
SAISON CAR
KIS
KIS

008

そうは言っても我らがホーム。ここが大好きメットライフドーム！

暑いの寒いのゆうとりますが、もちろんメラドにはいいとこも盛りだくさん。まずはスタンドの傾斜角。傾斜が緩すぎると前の人が邪魔だし、きつすぎると上り下りがつらく高い位置からフライの行方が追いにくい。また、席の列が平均8～9席程度と短めのため、真ん中の席からも比較的通路に出やすい。アメリカ直輸入のシートは余裕がある。掘り下げ式の形状は唯一無二の個性的な外観。屋根のおかげで雨天中止がない（荒天中止はあったけど）。駅が目の前の超優良駅近物件。都心から遠い？　西武プロパティーズが球場近くの物件をいくらでもお探ししますよ！　他球団ファンがヨダレを流して羨ましがるグルメの充実ぶり。自然！　自然が凄い！　うーん、やっぱりメラド最高だわ。

009

イベントやCMなど、野球以外でもよく使われるメットライフドーム。

有名アーティストによるライブ、アイドルの握手会、人気ゲームのイベントや、CM・バラエティの撮影によく使用されるメットライフドーム。愛着のある球場がメディアに露出するのは何だか嬉しい。そんなメラド、ライブなどがあると、ネット上では有志による諸注意が流れ出す。その内容は、やれ暑くて熱中症になるだの、寒くて凍えるだの、電車がむちゃくちゃ混むだの、周りに店が事実上皆無だの、人のホーム球場を言いたい放題。これが概ね当たっているから腹が立つ。しかし「ちゃんと事前準備して夏のライブに行ったら、思ったより快適だった」とか言い出す強者もいるから世の中広い。でも、真夏のメラド6連戦は、慣れてるはずの西武ファンでも死ぬ思いをします。

010

経験上、新国立競技場の構造には本気で危機感を覚えている。

来るべき2020年東京オリンピックに向けて着々と建設の進む新国立競技場。なんでも空調を使用せず、風が吹き抜ける構造にして自然の冷却効果を狙うとか。ちょっと待って、それどこかで聞いたことが。壁がないから風が吹き抜ける……あっ！　それ、ダメなやつだ！　「風がない時は通風路の送風機で強制的にスタジアムに風を送り込む」って、メットライフドームでも直径数メートルの大型扇風機を何台も使って強制換気と球場内の空気の循環をしてるけど、実際あんなの10メートルも離れたらそよ風よ？　新国立競技場のほうは全面屋根で覆うわけではないけれど、真夏の炎天下でスポーツをするなら（しない方がいい気もするけど……）、やはりしっかりとした空調施設がほしいね。

011

「メラド遠い」「行きにくい」「大宮に移転しろ」その人の住んでる場所次第説。

メラドの立地についてよく聞くのが「都心から遠い」「球場の往復に時間がかかる」という不満。確かに池袋から球場直通の特急レッドアローを使っても34分かかる。それだって本数が少ないし特急料金もかかる。でもね、西武池袋沿線の我が家からだと、試合開催日に増発される直通電車を利用すればドア・トゥ・ドアで最短30分ですよ？　結局、遠いだの不便だのってみなさんの住んでいる場所次第じゃないですか。「埼玉の中心から離れてる。大宮に移転しろ」との意見もあるけど、そもそも大宮球場のキャパではプロ野球本拠地球場の資格を満たしてないから無理！　駅から遠いし道も狭いし大体西武鉄道が儲からない。文句を言う前に、ＹＯＵ！　西武沿線に引っ越しちゃいなよ！

012

帰りの電車の種別と行先が多すぎて、どれに乗っていいのか解らない。

「池袋」「西武新宿」「本川越」「西所沢」「清瀬」「保谷」「新木場」「元町・中華街」。親会社が鉄道会社だけに、試合終了後の電車の増発はお手の物。が、これだけ行先が多いと、西武線ユーザーの地元民はともかく、遠征してきた人たちはさぞや混乱しているのでは。おまけに、これらの行先に「特急」「急行」「快速」「準急」という区分との組み合わせまであるときた。まあ、我々も関西の駅のホームの「○」「△」の表示や、ボタンを押して開閉する地方の車両ドアには困惑しているので、おあいこってところですね。ちなみに、自分がどの電車に乗ればいいいのかよく解らない時は、ホームに大勢いる駅員さんに迷わず尋ねましょう。丁寧に教えてくれますよ。

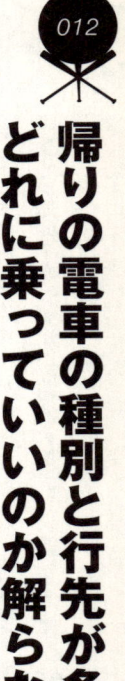

013

埼玉？ 西武沿線？ ライオンズの地元ってどこよ問題。

球団名に「埼玉」と付いて早10年。年に3回の大宮開催や埼玉県市町村との「フレンドリーシティ」締結、県内各所での2軍戦開催やイベント参加と、着実に埼玉県全域でファンを増やしつつある。しかし、昔からの西武沿線住人ファンの認識は「ライオンズの地元は西武線沿線」。都内に出ることを主眼に発展してきた首都圏の交通インフラのせいもあり、都県境に位置する所沢と県北部とでは、同じ埼玉とはいえ日常的な行き来は少ない。それに比べて、試合がある日には直通運転が出て乗り換えなしで球場まで行ける西武沿線のほうが、ずっと球場に足を運びやすい。この距離と交通のハンデを乗り越え、ライオンズは所沢を飛び出し名実共に全県区（選挙か）になれるかどうか。

014

発展し続ける所沢に、胸の高まりが止まらない。

2018年3月にオープンした所沢駅の新しい駅ビル「グランエミオ所沢」。これまでの西武沿線の大型商業施設ではありえないような瀟《しょう》洒《しゃ》な作りに、所沢及び近隣住民のテンションは上がりっぱなし。しかも現在開業しているのはまだ第1期で、2年後にはさらに第2期オープンが控えている。ということは、所沢が今より2倍お洒落になっちゃうってことじゃないですか！ さらに、駅直結タワーマンション建築計画や近隣地区の再開発とビッグプロジェクトが目白押し。所沢駅からは離れるが、角川グループの新拠点にしてカルチャー発信基地「ところざわサクラタウン」も建設中で、所沢の躍進に期待が高まる。なんだかライオンズまで都会的に見えて……こないか。

015

野球ファン至極の贅沢「親子ダブルヘッダー」で野球漬けの1日。

メットライフドームに隣接する西武第二球場。野球シーズンともなれば、連日のようにライオンズ2軍公式戦が行われる。ナイター設備のない第二球場で行われる試合は、基本13時開始のデーゲーム。なので、メットライフドームでの平日ナイター開催日には、昼は2軍戦で夜は1軍戦という「親子ダブルヘッダー」が可能。期待の若手の成長ぶりや調整中の主力の様子を眺めた後に、山賊達のペナントレースの行方を追う。こんな贅沢な野球漬けの1日、他球団では決して味わえない。2軍戦で活躍していた選手が1軍戦にも出場しているのを見ると、なんだか得した気分。ただし、真夏の2軍観戦は日陰が少なく、非常に厳しい暑さ。熱中症と日焼けには十分気を付けて。

016

ライオンズ強さの秘密。メットライフドームに隣接する西武第二球場。

プロ野球全12球団の中でも、2軍の本拠地球場が1軍のホーム球場と同じ敷地内にあるのはライオンズだけ。球団の自前球場と広大な土地を所有する西武ならではのアドバンテージといえる。1軍と2軍の距離が近いことのメリットは、昼は2軍戦、夜は1軍戦と伸び盛りの若手選手がより多くの実践経験を積めること。歴戦の選手たちもこうして腕を磨いてきた。さらには第二球場や室内練習場は1軍用のサブグラウンドとしても機能する。ナイター終了後、秋山や山川といったバリバリの1軍レギュラーが夜遅くまで居残り練習を行っている。彼らの野球に取り組む姿勢も凄いが、その時間に練習できる環境が整っていることこそが西武打線の強さの秘密と言える。

第2章

ライオンズ「選手・スタッフ」あるある

017

【朗報】オールスターのファン投票、ライオンズ1色になる。

京セラドームと熊本の藤崎台球場で行われた2018年のオールスターゲーム。このオールスターにおいて、パ・リーグ10部門12名のうちライオンズから雄星、森、山川、浅村、源田、秋山の6名がファン投票で選出された。ナカジのメジャー移籍（結果的にずっとマイナーだったけど）もあって2013年のオールスターがファン投票選出0名だったことを思うと、それはもう夢のような大躍進。やはり好調なチーム成績と、「山賊打線」という分かりやすいキーワードがあると投票結果に好影響が表れやすいようだ。ちなみに18年のMVPは、第1戦が森、第2戦が源田。チームの勢いを象徴する、まさにライオンズのためのオールスター。西武ファンも高笑いがとまらん！

018

「山賊打線」の破壊力が規格外すぎて得点の感覚が麻痺している。

「猛獣打線」「エクスプレス打線」「獅子おどし打線」。様々な呼ばれ方をした2018年のライオンズ打線だけど、ファンの間に最も浸透したのが「山賊打線」。期せずして前身である太平洋クラブライオンズ時代の呼び名を受け継ぐ形になったが、今回は「西武打線は品がない」「急に目覚めて食い散らかして寝る」「わざとホームランを打っている」等々、ネット掲示板での盛り上がりから自然に「山賊」が定着したという経緯がある。「取られた以上に取ればいい」とばかりステータスを攻撃力に全振りしたようなアンバランスでバイオレンスな打線は確かに山賊的。あんまり点を取るので、ファンも「たった3点」「5点じゃ少ない」と感覚が麻痺。もう普通の野球には戻れない。

019

シーズン最多安打記録保持者は守備で魅せて、毒舌で笑わせる、秋山翔吾。

言わずと知れた日本プロ野球シーズン最多安打記録保持者。入団初年の打撃成績がパッとしなかったこともあり、突然の覚醒にファンも度肝を抜かれた。前年より打率が1割もアップしたんですよ？　正に覚醒としか言いようがない。しかしそれも、休日に家族サービスそっちのけでつい球場に来ちゃうほどの練習好きの成果。守備も上手く、彼が難しい打球をキャッチするとSNS上に「残秋」の2文字が躍る。ウナギ先輩OBでも容赦なくイジって笑わせる毒舌センスは一級品。ウナギイヌと呼ばれていたルックスも、結果を出すにつれ恰好よく見えてくるもの。中身のないイケメンよりずっとカッコいいと思うけど、どうでしょう女性ファンの皆さん。年俸2億2千万円ですよ？（コソッ）

#残秋
#エリア55
#秋山たまらん
#ウナギたまらん
#ウナギ食べたい
#ウナギ高い
この辺違うだろ!

020

ジンクスなんてなんのその。2年目もやっぱり#源田たまらん。

新人ながら開幕スタメンを勝ち取り、現在も正遊撃手の座を守り続ける源田壮亮。最初は守備の人かと思われたが、長嶋茂雄の記録を塗り替える新人最多安打記録にリーグ2位の盗塁と、走攻守全部の人だった。しかし、最も目を引くのはやはり守備。ポジショニングに優れ、「なぜそこに!?」と驚かされることも多い。捕ってから投げるまでが異常に速く、そして正確。1年目は多かったエラーも激減、2年目のジンクスどころか更なる進化を見せる様は正に「源田たまらん」。「きかんしゃトーマス」の駅員に似てるからとイベントで車掌役を務めたり、ユニフォームに虫が入りパニック、試合を中断させたりと、かわいいエピソードにたまらん！　ってなってる女性ファンも多そう。

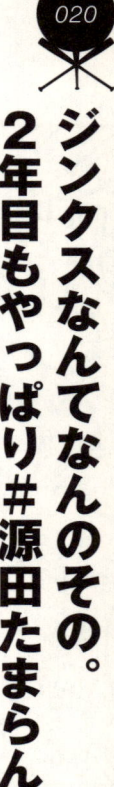

レオライナーの1日車掌をやってほしい
ワンマン
西武球場前
LEO LINER
この路線には以前
きかんしゃが走って
ました。

021

来季からは強敵！ライオンズを背負って立っていた男・浅村栄斗。

念願だった背番号3を背負い、口数少なに背中で語り、チームを背負って立つ男。何かと背中が忙しい彼こそは、若きキャプテン浅村栄斗。2度の打点王を獲得した勝負強い打撃に華麗な守備も凄いけど、最も素晴らしい点はフォア・ザ・チームの精神。名将森祇晶氏、OBの石毛宏典氏など多くの評論家が「辻監督の考えをよく理解し、実践している」と、そのプレーを絶賛している。そんな彼が、まさかのFA流出。ライオンズにとって痛いし悲しいし、何より怖い。「楽天でも頑張って！」なんて、とても素直に応援できないよ……。ちなみに、一般公募で選ばれた、打点を挙げた時のパフォーマンス「あさむのお花」がもの凄い勢いでうやむやになったのは公然の秘密。

まったく流行らなかったパフォーマンス
「あさむのお花」
新天地で咲かせます
ウチの投手陣が全力で摘んでみせます！

022

調子乗っちゃってエグい本塁打量産。山川穂高は「きれいなジャイアン」。

入団以降突き当たっていた壁を乗り越え、ようやっとブレイク。ぶっちぎりで本塁打王のタイトルを獲得するまでに成長したのが「アグー」こと山川穂高選手だ。沖縄出身らしい明るいキャラとは裏腹に、ボールがバラバラに砕けそうなくらい激しいスイングから放たれドスン！とスタンドに突き刺さるホームランは、いかにも山賊打線の4番といったエグさ。そんな山川選手、特技は意外や書道とピアノで、どちらも腕前は達人級。思いもかけぬ品の良さと巨漢に似合わぬつぶらな瞳から、一部でつけられたあだ名が「きれいなジャイアン」。長距離砲と陽気なキャラとの振り幅が大きい山川選手だが、今日も「調子乗っちゃって」えげつないホームランを量産するのだ。

調子乗っちゃって
書道
ピアノ
逆立ち
ーの三冠王を目指しちゃったりして〜

023

小さな体、大きなスケール。ミスターフルスイング・森友哉。

大阪桐蔭で現阪神の藤浪晋太郎投手とバッテリーを組み甲子園春夏連覇の大活躍。駅のホームで線路に転落した老人を救助して表彰。森友哉選手はプロ入り前から、野球でもそれ以外でも注目を浴びてきた生まれついてのスターだ。入団当初は「じっくり育てる」はずだったのが一転7月に1軍昇格。ぶれっぷれの教育方針を懸念する声も挙がったが、そんな心配なんのその。森は初本塁打から3試合連続ホームランを放つ離れ業をやってのけるなど、1軍でも遺憾なくその才能を発揮した。小さな体を目一杯使ったフルスイングは彼の代名詞。捕手としても日々実戦で研鑽を積んでいる。「中村選手まんじゅう盗難事件」真犯人の嫌疑がかけられている。おかわりさん、こいつです！

お前最近構えがおまんじゅうに似てきてないか?、
なんすかそれ!僕じゃないですって!

024

得意技はアップルパンチ！外崎修汰は意外性の男。

辻監督の背番号5を受け継ぎ、今や貴重な戦力の「アップルパンチ」外崎修汰。正遊撃手争いを繰り広げる「所沢遊撃隊」の一員だったが、エラー連発打撃低調で脱落。ついには2軍落ちの憂き目に。しかし16年シーズン終盤、妙な噂が届く。「外崎が2軍でホームランを打ちまくってるらしい」。1軍に呼ばれた試合では、いきなりホームラン。意外な時期に覚醒し、そのまま1軍に定着した。本人が「元々アベレージヒッター」と言う割に2桁本塁打を達成、ファンから「謎の長打力」と呼ばれる。17年は外野に挑戦、意外と無難にこなしている。足も速く、走攻守揃ったプレースタイルは正に辻野球の申し子。通販を開始した実家の「外崎りんご園」も意外と好評の模様。

スリー！ツー！ワン！
アップルパーンチ！
うまいっスね
ここのリンゴ
光成くん！
外崎りんご園

025

頼れるベテラン「クリ様」栗山巧はイケメンで理論家で練習の虫でイケメン！

勝負強いバッティングでチームを引っ張るベテラン、「球界のジュード・ロウ」こと栗山巧選手。納得いかなければ試合後に深夜までバットを振る、苦手だった守備を克服して一時はセンターの定位置を奪うまでに成長するなど、真性の努力家。さらには、FA宣言して西武に残留してくれる、チャリティに力を入れ子供を球場に招く、野球振興のため少年野球大会を主催するなど、顔のみならず魂までイケメン。美形で才能があって、その上努力を惜しまず、さらには良い人って我々凡人に太刀打ちできる要素は皆無。彼が喋ると、関西弁が洗練された言葉に聞こえるから不思議。クリ様、ライオンズにいてくれてありがとうございます！　肩がもう少し強いともっと嬉しかったです！

キャー!!
栗様がうちの子に触ってる〜♡
あんたも早く!

026

もっと注目されていい。おかわり君は記録にも記憶にも残る男。

本塁打王6回、打点王3回、通算満塁ホームランが王貞治を抜いて日本最多の17本。統一球導入の2011年、パ・リーグ全体の本塁打の1割を1人で打つ、300号本塁打が同時に1000安打目、奥さんの誕生日には、ほぼ毎年ホームランをプレゼント。記録にも記憶にも残る、現役最強のホームランアーティスト。それが「おかわり君」こと中村剛也だ。2018年シーズン前半戦は、一時は本人も引退も考えるほどの大不振。しかし後半怒涛の猛チャージで復活、優勝に欠かすことのできない貴重な戦力となった。FA宣言残留もしてくれたし、来期は再び本塁打王争いに加わってほしい。守備についてる時の丸っこい姿勢のかわいさは、もっと評価されていいと思う。

妻の誕生日に～・
メッシャ
ミーン
打てて良かったです！
今日は実感こもってますね——

027

「ネコ」こと金子侑司は、次の塁も帽子も女性のハートも落としまくる。

西武で2番目のイケメン(1番は栗山。異論は認めない)、「ネコ」こと金子侑司。内野手として入団、「所沢遊撃隊」の一員として活躍(活躍できなかったのが所沢遊撃隊なんだけど)するが、送球に難があり正遊撃手候補から脱落。でも彼には俊足という一芸があった。外野手としてレギュラーの座を掴むと、糸井嘉男と並んで盗塁王を獲得。守備中にボールを追いながら帽子を落とす謎の習性あり。目立ちたがりの性格はプロ向きだが、決めてやる！ という気持ちが強すぎるのか、よく早いカウントから凡退する。あと、目立ちたくてカメラ前で森友哉にチューーしてました。女性にウケるって解ってやってるんだよ。これだからイケメンは！ ネコは帽子も女性のハートも落とします。

源田も
たまらーん♡
金子侑
Lions
たまらーん
ネコーー♡
キャーッ
金子侑司
ネコ
LOVE

028

ベンチスタートでも決して腐らぬ本塁打王。もっと聞きたい「メヒアサマサマヤー!」。

2014年、不振のランサムに代わりシーズン途中に入団したエルネスト・メヒア。これがもうランサムとは打って変わって打つわ打つわ。開幕後に入団して本塁打王を獲得するという、史上初の快挙を成し遂げた。当然他球団もこの優良助っ人大砲を狙っていたが、より好条件の他球団を蹴って西武と再契約するなどライオンズへの思い入れが強い。日本で誕生した長男、アロンソ君を抱っこしてお立ち台に上がったことも。たまにアロンソ君をメヒアのインスタ動画で見かけると「ああ、アロンソ!　すっかり大きくなって!」と、ファン一同すっかり親戚気分。最近は山川に1塁レギュラーを奪われ出番が激減してるけど、是非またお立ち台で「メヒアサマサマヤー!」を聞きたい。

ああ
アロンゾ
こんなに大きく
なって…
成長をずっと
見守りたい
〜〜っ
来季から
アロンゾ君と
契約するか…
球団マスコットとして

029

さらばミスター・レオ。ライオンズのレジェンド、松井稼頭央。

15年ぶりにライオンズへの復帰を果たし、オールドファンを沸かせた松井稼頭央。そんな野球界のみならず、日本スポーツ界でもトップクラスの身体能力を誇った男にも、ついに引退の時が訪れた。華麗な守備にトリプルスリー、長い茶髪にピンクのバッティンググローブと何から何まで派手で華があった。華がありすぎて深キョンとCMで共演までした。本当に稼頭央はカッコよくって凄かった。そして、ずっと美しい深キョンも凄い。メジャーでは挫折も味わい、日本球界復帰は楽天だったけれど、最後にライオンズに帰って来てくれたことを西武ファンは心から歓迎した。引退後は2軍監督として、第二球場にゴロゴロ転がっている原石達を綺麗なダイヤに磨き上げてもらいたい。

メガネかけたらベースが近く見える！
あと1〜2年はやれたかも！
Lions

030

かつて「三本の矢」、今は「三枚の盾」。12球団一充実した、個性溢れる捕手陣。

どの球団もキャッチャーの育成に苦労する中、捕手陣の充実ぶりを見せるのがライオンズ。かつて抑えの杉山、潮崎、鹿取が「サンフレッチェ（三本の矢）」と呼ばれたが、今季は炭谷、森、岡田の3捕手が「三枚の盾」として機能した。炭谷は、経験の豊富さと高い盗塁阻止率で扇の要としてどっしり腰を据える。天才打者とも称される森は、捕手としての出場機会がグンと増え、将来の正捕手として期待される。岡田は、持ち味の強気のリードと意外性のある打撃で第3捕手の座に留まらぬ活躍ぶり。18年は、辻監督がこの3人を上手く起用してチームを優勝に導いた。とはいえ12球団最下位の防御率に加え、来季から二枚看板に。盾と看板じゃ、随分厚みが違うなあ……。

031

自主トレやキャンプは、シーズンオフの選手の姿を見られてサインも貰いやすい。

年明け早々始まる自主トレ。西武第二球場では、毎年恒例新人合同自主トレが行われる。まだ馴染みのない新人選手を知ってもらうため、名前と背番号入りのビブスを用意する球団の大人の気配りを高卒ルーキー達は学んでほしい。喫煙なんか覚えなくていいから。第二球場は、新人以外の選手も大勢自主トレにやって来る。見学後はサイン目当ての出待ちがお約束。南郷キャンプでも練習の合間などにサインを貰える。南郷スタジアムを中心としたキャンプ地は起伏が激しく、あちこちの施設を移動するうち、ファンも自然と足腰が鍛えられる。気がする。試合観戦の興奮はないが、キャンプを眺めながらこれから始まる野球シーズンに思いを馳せるのも、この時期ならではの楽しみだ。

032

ライオンズ2軍は期待の若手野手の宝庫！　なお投手は……。

中村、栗山、秋山、源田、山川、外崎、森などなど。ライオンズの主力野手たちは、みんな揃って生え抜きばかりだ。フロントのスカウティング能力と現場のコーチング能力、いずれのレベルも高いからこそ成しえる業と言えるだろう。そんなライオンズの2軍には、現在も期待の若手野手がいっぱい。初安打がホームランだった山田、無安打ながら1軍デビューを果たした愛斗、俊足巧打の鈴木将平、地元花咲徳栄の西川、西武得意の隠し玉・綱島、育成ながら高い打撃技術を見せる高木渉。野手育成に定評があるライオンズが手掛けたら全員覚醒してしまいそうで、将来がひたすら楽しみ過ぎる。投手もこれくらい期待の選手ばかりだといいんですけれどねえ。

西川
愛也
どっちも「愛」がついててわかりにくいな…
愛斗
マジメ系が愛也
ヤンチャ系が愛斗です

033

2017年「夢にまで見た強力中継ぎ陣完成だ！」2018年「あ……れ……？」

2017年。7回牧田、8回シュリッター、9回増田と念願だった「勝利の方程式」がついに完成。CS進出の原動力の1つとなった。しかし翌年、牧田がメジャーに去りシュリッターも退団。新たな「方程式」を作り直す必要にせまられた。なに、増田も武隈もいるし平井と野田も結果を出した。高橋朋己も帰ってくるし、新外国人が加われば大丈夫！　まあ、フラグですわ。増田と武隈は勤続疲労か調子が上がらず、高橋朋己は早々に怪我でリタイア。平井と野田は出れば打たれて新戦力ワグナーも今一つ。クローザーに回ったカスティーヨはいつの間にかフェードアウト。平井野田の復調とヒースなど新戦力のお陰で何とか持ち直したリリーフ陣だが、過信は手痛い目を見ると再認識。

BC富山カラ来タ
ヒースデス
富山ノ
薬用入浴剤
持ッテ
来マシタ
ああ
効く〜
疲れ
取れる
〜〜
薬用入浴剤
越中富山
常備薬

034

やっと開花したと思ったらメジャーへ。西武にとって菊池雄星とは何だったのか。

メジャーを含め20球団もの関係者が挨拶に訪れ、6球団が1位指名した2009年ドラフト最大の目玉、菊池雄星。1、2年目は結果が出なくても「まあ、まだ若いんだし」とファンも温かい目で見守った。3年目、前半戦だけで9勝を上げた時は、覚醒キターッ！　と喜んだが、故障で登録抹消されると復帰することなくシーズン終了。4年目、今年こそは2桁勝利！→5勝でした。5年目の正直！→9勝止まり。6年目、田辺監督「今年の開幕投手は雄星」。岸「じゃあ僕、楽天に行きます」。その2年後。雄星「僕、メジャーに行きます」。どういうことだってばよ!?　何年も待たされた挙げ句、やっと開花したと思ったらメジャー行き。我々の辛抱は一体なんだったのだろうか。

メジャーに行きます!!
いや〜〜!
雄星
行かないで〜
まだまだワキ毛が見たーい!!
YUSEI
Lions

035

「やってもらわないと困る」男。18番を背負う多和田真三郎。

2018年、開幕直前のオープン戦で6回途中6失点という惨憺たる結果だったにもかかわらず、土肥投手コーチから「やってもらわないと困る」と開幕2戦目の先発を任された多和田。1年目は怪我の影響もあり出遅れながらも7勝。2年目はブレイクを予感させつつ春先の不調もあり5勝。大卒、しかもドラ1ならば当然即戦力との期待がかかる。その上、翌年の雄星流出が規定路線とあっては、土肥コーチならずとも「やってもらわないと困る」と思うもの。結局3年目で見事最多勝に輝き、やってもらわないと困る男はついにやる。しかし、18番を背負うにはまだ線が細い印象。もっと図太く貪欲に、西武投手陣を引っ張る存在になってほしい。エースになってもらわないと困る!

最多勝も
獲りましたし
そろそろ
髪を切っても
いいでしょう
か？
まだ
切って
なかったの!?
半分
くれ
最多勝利投手
Lions

036

才能は若手の中でも頭一つ抜けている今井達也。

甲子園優勝投手として大きな期待を寄せられ入団し、退団したばかりの岸の背番号11を継承した今井達也。しかし、今年こそと意気込んだ2年目のシーズン前に不祥事が発覚。恒例の新入団選手発表会での優等生的態度との落差に、ファンはショックを受けた。今井はこの件に対するペナルティにより出遅れ、同じ年ながらプロでは1年後輩の伊藤翔に1軍デビューの先を越される。ところが6月に1軍で初登板すると、球団では松坂大輔以来となる高卒初先発初勝利。多少のやんちゃはするけれど、才能は間違いなくあった。まあ、松坂もダルビッシュも、やらかしつつ成長したしね。ゆくゆくは岸を超えるエースになってほしいけど、背番号だけでなく一発病も継承しちゃった様子。

これからは僕が両親を支えていけるように頑張ります！
ライオンズの投手陣も支えてくれ…！

037

ファンの期待を一身に背負うも、壁を越えられずもがくドラ1、高橋光成。

甲子園優勝の輝かしい看板を引っ提げドラフト1位入団。1年目、8月に昇格すると1か月で4勝、月間MVP候補に名前が挙がるほどの活躍を見せた。躍動感溢れるフォームから、その年現役引退した西口の後継者として期待されたが、2年目以降はすっかり尻すぼみ。共に新しい西武先発ローテの柱になると思われていた多和田が華々しい結果を残し、後輩今井も悪戦苦闘しつつなんとかローテを守る中、怪我の影響もあってすっかり彼らに取り残される格好になってしまった。悩める日々だと思うが、新人時代サイン攻めにあっても嫌な顔一つせず、ずっとニコニコしていた光成から笑顔が消えるのは寂しい。1年目の輝きを取り戻し、西口のような西武の顔になってほしい。

13
K.TAKAHASH

038

なんやかんやで活躍してる？ライオンズドラ1投手陣。

なにかと槍玉に上がることの多いライオンズ投手陣。しかし、上位で投手を指名するのが西武の基本的なドラフト戦略であり、毎年のように有望な新人投手を獲得している。菊池雄星、十亀、今井といったローテ投手や、来季のローテ入りが嘱望される高橋光成、齊藤大将、かつて在籍した涌井、岸もみんなドラ1だ。中には微妙なドラ1もいたが、ドラフト補強はなかなか頑張ってるなと思う。では何が問題かというと、やはり育成力だろうか。西口がイカンとは言わないけれど、こういう時こそ投手育成の実績があるコーチを招聘してほしい。東尾、投手コーチやってくれないかなあ。あと、選手の流出ね。優秀な投手ほどポンポン出ていってしまうからなあ……。

039

右の平井に左の野田。「西武の中継ぎ」という闇の中の希望の灯火。

17年、大車輪の活躍でリリーフ陣を支えた牧田とシュリッターが退団しても「まあ大丈夫だろう」とファン（と、ひょっとしたら首脳陣やフロントも）が安心していた大きな要因の1つが、平井と野田の存在だった。それぞれ1年目、2年目の若手ながら勝ちパターンにのし上がり、アジアプロ野球チャンピオンシップ代表に2人揃って選ばれた。ところが翌年、これまた2人揃って開幕から絶不調。出てば打たれを繰り返し、ついには2軍落ち。調整の結果、再昇格後は以前同様の働きを見せているが、彼らの復調なしに優勝はありえなかった。新人がリリーフとして即戦力で活躍する例が少ない西武にあって、入団間もない頃から結果を出した2人にファンが寄せる期待は大きい。

040

榎田、小川、ヒースにマーティン。大当たりだった今年の選手補強。

ライオンズ積年の補強ポイントは投手。それは解っちゃいるけれど、投手育成が苦手なのは西武の伝統芸。そこで「育てられないのなら補強すればいいじゃない」とマリー・アントワネット的転回で投手を大量獲得。シーズン開幕2週間前に阪神からトレードで移籍した榎田は、ローテ投手入りして2桁勝利。広島契約解除後、独立リーグで頑張っていた苦労人のヒースは、今や不動の守護神。期限ギリギリで獲得した元メジャーのマーティン。ハラハラさせつつ抑えるのがカウボーイスタイル。中日から金銭トレードの小川も期待以上の活躍で、弱かった左腕をがっちり補強。限られた予算で的確な人材を連れてきた今年のフロントはさすが。カスティーヨ？　ワグナー？　ふうむ。

龍也から獅子也へ
地獄から天国へ！
もうそれは言わんといて〜〜っ

041

相も変わらず選手のFA流出が止まらない。

球界最多16名もの選手をFA流出してきたライオンズにとって、日本シリーズの終了は恐怖の季節の始まりでもある。新たなFA資格取得選手が出るたび、毎年のように他球団から鵜の目鷹の目で狙われ、ライオンズファンはいつも戦々恐々としている。これまでも工藤と石毛が同じ年に同じチームに流出したり、10年という破格の長期契約を結んでいた許銘傑がFA権取得と同時になんの未練もなくスパッとオリックスに移籍したり、片岡の人的補償で巨人から獲得した脇谷が自分自身のFAで巨人に帰ったりと、最多流出球団らしくいろんなパターンで選手に出ていかれた。そしてこの度、現役キャプテンと現役選手会会長がダブルFA流出。どうすりゃいいんだ……。

ピンチはチャンス!
個々のレベルアップで必ずカバーできる!!

042

関西、沖縄。大阪桐蔭、富士大学。なぜか片寄る中心選手の出身地と出身校。

埼玉には花咲徳栄、浦和学院、春日部共栄など、高校野球の強豪校がひしめいている。ライオンズにも木村や斉藤彰吾など地元埼玉出身選手がいるが、主力ということでいうと何故か西日本出身が多い。特に大阪の中村、浅村（……）、森友哉、岡田、京都の金子侑司、兵庫の栗山など関西勢が圧倒的。花咲徳栄出身の期待の若手、愛斗と西川も生まれは大阪。最近は山川、多和田の沖縄勢も頑張っている印象。出身校でいえば、大阪出身の4人全員大阪桐蔭出身。岩手の富士大学が山川、多和田、外崎。いずれも全員Ｉ軍で大活躍しているから凄い。ライオンズファンは大阪と沖縄と岩手には足を向けて寝られない。各校各府県の関係者様、どうもありがとうございます。今後もよろしく！

富士大勢
ドラ7
佐藤龍世の
加入で4人に!!
FUJI
Lions
大阪桐蔭勢
人数で
負けちゃう
から
残って!

043

SNS全盛期。今や選手自ら情報発信する時代。

ネットに個人発信の情報がどんどんアップされる現代。ニュースを知る手段がマスメディアしかなかった一昔前とは隔世の感がある。当然野球も、マスコミより早くファンからの情報がSNSを駆け巡る。しかもファンのみならず、源田、山川、森、メヒア、野田、岡田などなど、若手を中心に選手自らツイッターで呟いたりインスタで画像や動画を上げている。時にはライブ中継することも。選手をより身近に感じることができるのは嬉しいけれど、うっかり口（キーボード？）が滑って大炎上とか、「ここ、どこそこの店ですよね？」と、すかさず居場所を探りだす優秀な特定班など危険もいっぱい。新人選手の入団時に「SNS利用講習会」を義務付ける必要がガチでありそう。

高木さ〜〜ん
炎上しちゃったよ〜〜〜
しょーがないなぁ
僕のと交換してあげるよ

044

ライオンズ一筋21年。西武愛を貫いた「宇宙人」西口文也。

黄金期以降のライオンズを象徴する選手の1人にして不世出の大エース。それが西口文也だ。その実力たるや、日本シリーズでヤクルトと対戦した際、滅多に人を褒めることのない当時の野村監督をして「西武には西口という、えらくいいピッチャーがおるらしい」と言わしめるほどだった。そこまで言わせておきながら、日本シリーズでは勝てないところがまた西口らしい。200勝未遂、完全試合未遂、ノーノー未遂2回。最後の最後に失敗しちゃうドジっ子ぶりにライオンズファンもメロメロ。現役最後の2軍戦登板で、西武第二球場に入りきれないほどの観客が集まったのも当然といえる。現在、コーチとしては悪戦苦闘中だが、「西口2世」「3世」をどんどん送り出して欲しい。

もっと体も顔も脱力して
あと1人でノーノーを逃がした時のリアクションの指導!?
平井と野田に!?

045

ライオンズ黄金期再来のはずが……今や「くじ担当」渡辺久信SD。

かつて「トレンディ・エース」として鳴らした現シニアディレクター・渡辺久信氏。トレンディ過ぎて逆に微妙なファッションセンスだった気もするが、何度もチームの優勝に貢献した実力は正にエース。2軍監督を経て1軍監督に就任した08年には見事日本一に輝き、「寛容力」という本も出版された。しかし、黄金期再来と喜ぶファンを尻目に、翌年はBクラスに轟沈。その後も就任期間中に日本一はおろかリーグ優勝すらできなかった。そんな苛立ちもあってか、ミスした選手を懲罰交代する場面も。え、寛容力は？　今ではフロントに回り、ドラフトのくじで見かけるくらいだが、どうか裏方として頑張っていただきたい。差し当たり、ＦＡ流出を減らしてください。（切実）

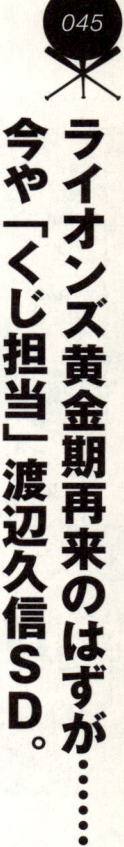

2013年に
懲罰交代
させたことは
謝るから
残留して
くれないかな
…?
寛容力遅っ!!

046

ライオンズ黄金期名手中の名手、辻監督。

3年連続Bクラスと辛酸を舐めていたチームを就任1年目から建て直し、早くも名将の呼び声が上がる辻監督。現役時代は一流野手が居並ぶ黄金期西武にあって、森監督に「辻がもう3人いたらもっと楽に勝てる」と言わしめるほどの名選手だった。ファインプレー連発の守備も打率3割の打撃も素晴らしかったけれど、真骨頂はチームプレー。1番打者として投手に球数を放らせ、凡退しても他の打者にアドバイス。社会人時代の長打を捨てて右打ちに徹したバッティング。西武の強さを土台で支える、まさに縁の下の力持ちだった。背番号5を受け継ぎ、来期の2塁手とも噂される外崎には、辻2世の期待がかかるところ。辻監督にはなかった長打力も備えて、目指せ浅村超え！

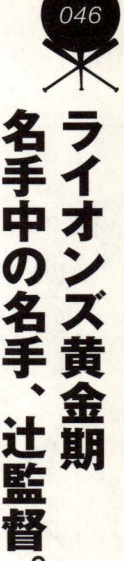

第3章

ライオンズ「カルチャー・球団」あるある

047

メットライフドームのグルメは球界一と言っても過言ではない。

野球場とグルメは切っても切れない間柄。どのプロ野球本拠地球場もグルメが充実しているけれど、メットライフドームグルメのクオリティの高さは多くの野球ファンが認めるところ。その理由の1つが「完全ドームではないから消防法の規制が適応されず、強い火力で調理できる」という災い転じて福となす的なもの。不完全ドームも良し悪しだね。実際メットライフドームは「ローストビーフ丼」「メヒアのパワープレート」といった人気メニューを擁する宮木牧場、焼肉丼のMOURA、行列のできる焼き鳥ワゴン竜鳳など肉に強いのが特徴。そりゃあ肉食ですよライオンだもの。他にも球場内外に1000種類のメニューが揃っている。1シーズンじゃとても食べ尽くせない!

048

スタジアムを縦断するL'Sダイニングは、メットライフドームの「食べる名所」。

2009年、フィールドビューシート、ダグアウトテラスなどと同時に完成したL'Sダイニング。4層に渡り飲食ショップが出店するグルメエリアだ。メインとなるのがセルフサービス式の3塁側L'Sダイナー（1塁側の名称はL'Sカフェ）。辻監督や金子侑司のプロデュースメニューを扱い、フライドポテトは揚げたてを求めて行列ができる。L'Sバー（L'Sストア）は、L'Sダイナーの人気商品をピックアップ、気軽に購入できる売店。L'Sスタイル（L'Sウィナー）ではオリジナルスイーツを用意。L'Sクラフト（L'Sスポーツバー ブリックス）は、本格ピザやハンバーガーを提供。見た目もお洒落なメラドの食べる名所、それがL'Sダイニングだ。

049

人気選手のプロデュースグルメは、単なる「名前貸し」のレベルを超えている。

どの球場にも「選手グルメ」は付きもの。もちろんメットライフドームでも多くの選手がグルメをプロデュースしている。中でも中村選手の「おかわり焼き」、栗山選手の「巧御膳」は7年8年と続いている人気メニュー。2017年には辻監督も「獅子リアンライス」をプロデュースして話題に。選手の好物だったり出身地のご当地料理だったり内容は様々だけど、どれも選手の名を借りなくても勝負できそうな実力派揃い。単に選手人気にあやかっただけではないのだ。ファンは必ず貰える選手ステッカーやポストカード目当てで買ってる訳ではないのだ！ たぶん。ちなみに筆者イチ押しは、お肉もりもり値段お手頃「メヒアのパワープレート」！

うまい！食べてよかったです！
CM!?
おかわり♪おかわりもう一枚♪
新井園

050

「ローストビーフ丼」「パワープレート」ダブルエースを擁する宮木牧場。

多くのグルメが揃うメットライフドーム。特に肉が美味しいと評判だけど、中でも盛況なのが宮木牧場。牛や豚の串焼きも人気だが、ご飯ものの充実ぶりが嬉しい。改良に改良を重ねたニンニク醤油だれが絶品のローストビーフ丼、メヒア選手プロデュースで豪快なステーキが背番号「99」にちなんだ990円で食べられる「メヒアのパワープレート」は、宮木牧場のみならずメットライフドームを代表するツートップメニュー。「肉巻きおにぎり棒」は小腹が空いた時に。お米のもっちり具合が他球場の同名メニューとは一味違う。その他、期間限定丼メニューも随時リリースされている。食事もつまみもここ1軒でOK! って、ドーム前広場と1、3塁側に計3軒出店してます。

大好評!「メヒアのパワープレート」!
メヒアだと小さく見えちゃうので水口に持たせてみました。

051

プロデュースした選手が次々消える。西安餃子グルメの怪。

ロングセラーも少なくないメットライフドームの選手プロデュースグルメだけど、不思議と長く続かないのが1、3塁側内野席エリアの「西安餃子」。これまで藤田太陽投手、野上投手、森本稀哲選手、岸投手と何人もの選手プロデュースグルメを販売してきたけれど、藤田……戦力外、野上……FA、ひちょり……引退、岸……FAといずれもリリースから数年、短い時は数か月で全員球団から離れることに。もちろんそのたびにプロデュースグルメは選手本人とともに店頭から消滅。中には行列のできる人気メニューもあっただけに、ファンも店側も大きな痛手をこうむった。ちなみに2018年西安餃子のプロデュースグルメは菊池雄星投手の「雄星のスタミナ五目麺」。これも宿命か……。

052

実はカレーライスが充実。あの店この店おすすめカレー。

言わずと知れた国民食、カレーライス。当然メラドにも様々なカレーが揃ってる。まず紹介したいのが、2018年に颯爽とデビューした「若獅子カレー」。選手寮のカレーを再現！　ってハマスタで聞いたことがある気がするけれど、ともあれ味は絶品。具は玉ねぎと豚肉だけと至ってシンプルながら、豚肉がゴロゴロと入っており、これなら若手選手の胃袋もさぞ満足だろうと説得力のあるボリューム。「ホームランカレーライス」は、素朴な味わいがどこか懐かしい、昔ながらのカレーライス。「ライオンズカレー」は、牛肉を景気よくトッピングしたボリューミーなカレー。肉に絡んだBBQソースがカレーと混ざり、ひと味違う深いコクが感じられる。お腹、空いてきました？

053

緑茶、お茶漬け、弁当、焼き鳥、ライオンズ焼き……新井園本店の正体は!?

いやまあ「正体は!?」って、お茶屋さんなんですけどね。今日日、そんなの調べりゃすぐ解る。しかし解らないのが、お茶屋さんである新井園本店が何ゆえメットライフドームでこれほど手広く商売を繰り広げているのかということ。お茶……解る。お茶漬け……解る。弁当……お茶と合うし、まあ解る。ライオンズ焼き……生地に狭山茶を練り込んでいるそうなので何とか解る。たこ焼き、焼きそば、お好み焼き、焼き鳥……？？？　インターネットで調べても、この手広さの理由がどうしても見つからない。となると、新井園本店の正体は!?　という疑問が再燃してしまうが、新井園本店はメットライフドームを牛耳る一大コンツェルンや〜！　と、お茶を濁してこの項終了。

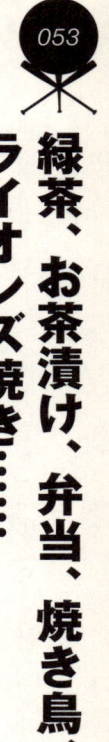

054

グルメはスタジアム内のみにあらず。人気メニューも多いグルメワゴン。

メットライフドームのグルメは球場の中だけじゃあない。駅を出てすぐに目に飛び込んでくるのは、今日はお祭りなのかと勘違いするほどズラリと並んだグルメワゴンの数々。球場周辺の広大な敷地を押さえている、西武ならでは光景だ。焼き鳥、カレー、ケバブ、クレープなど様々なワゴンが揃っており、外崎選手と高橋光成投手の選手プロデュースメニューもグルメワゴンで扱っている。車がそのまま店舗になっているため移動しやすいグルメワゴンは、企画に合わせた限定出店が多い。大宮開催では、ピザ、串焼き、ラーメン、豚丼など、野球場ではほぼここでしか会えないワゴンも。球場に入る前にお腹一杯になるかもしれないけど、それはそれでまた良し。

055

新名物コロラドピザは、店舗の景観、見た目、味の全てが100点。

2016年、3塁側L'Sダイナー最上階にオープンした「コロラドピザ」はスタジアムピザに革命をもたらした。従来の球場のピザは、出来合いをピース単位で販売する店がほとんど。ところがコロラドピザは、注文を受けてからキャンピングカー（！）に設置されたピザ窯で焼く本格派。キャンピングカーの周囲はまるでキャンプ場のようで、自分が野球観戦中なのかキャンプ中なのか解らなくなるほど雰囲気たっぷり。ピザも、ロッキー山脈をイメージしたというこんもり盛り上がった耳の中にとろーりチーズとトマトが詰まっていて最高！　もちろんピースではなく丸々1枚でボリューム満点。本格派にしてワン&オンリーのコロラドピザ、メラドに来たなら必ず食べること！

ロッキーズ時代を思い出すなぁ
懐かしいわね
BLUE MOON
L's CRAFT
松井稼頭央夫妻!?
MATSUI

056

不人気席が、斬新なアイディアでいつの間にか人気席に変わっている。

「フィールドビューシート」「ダグアウトテラス」と言えば、メラドの定番人気席。さらにここ数年は、予約できず当日早い者勝ちだった「LSダイニングシート」、立ち見エリアだった「LSデッキシート」が相次いで指定席化、どちらも入手困難な人気席になった。加えて指定席エリア最上段を「ふらっとリビング」などに改修、ブルペン横見切り席を「ブルペンサイドシート」、3塁側内野自由席一部エリアを「外野指定席」に変更するなど積極的なリニューアルが続いてる。不人気席に付加価値をつけて高く売る、錬金術のような見事な手腕！ ただ、FC（ファンクラブ）ゴールドステージ会員のみ購入可能のネット裏「ロイヤルシート」1席1万5千円は付加価値つけすぎ！

飛んだ！誰だ!?
鳥か!?
兎か!?
番場蛮か!?
いや…伊藤翔だ！

057

選手に会える。試合中のグラウンドに降りられる。FCは会員限定イベントも充実。

FCでは試合前や試合中のイベント参加者を随時募集している。サイン会、選手撮影会、練習見学会、スタジアムツアー、子供限定花道ハイタッチ、ラッキー7でバルーンを飛ばす時、グラウンドで「吠えろライオンズ」に合わせフラッグを振る（楽しいのかな……）応援隊、勝利試合で「今日のヒーロー」との記念撮影。これらのイベントはメラドで行われる全試合で開催されている。また、試合によっては（交流戦の時に多い印象）それぞれのチームのファン同士の対決イベントも。リレー対決で、必ず1人はやたらと足の遅い人が応募してくるのは何故なのか。こんなほのぼの企画であっても自チームが負けると悔しいので、皆さん是非自分の足と相談の上でイベントにご応募願いたい。

リレー対決ガンバルぞー!!
完全に抽選ミスだわ・・・

058

ビジターファンでも大歓迎！やたらとグラウンドに降りられるメットライフドーム。

メットライフドームでは、誰でもグラウンドに降りられるイベントが目白押し。火曜は女性向けイベント「やきゅウーマンナイト」、金曜は社会人限定「サラリーマンナイト」、主に土日の「ファミリーイベント」、不定期開催ながらレアなインタビューやコラボアニメの上映がある「フィールドシアター」などなど、参加型イベントが数多く行われている。全試合で実施される訳ではないものの、たまにしか開催されなかったりFC限定だったり有料だったりする他球場に比べたら圧倒的なグラウンド解放率。もしも試合に負けてしまっても、グラウンドに降りると怒りが収まり心穏やかになってくるから不思議。芝生からマイナスイオンでも出てるのかしら。あ、人工芝だった。

059

これでもかとサービス尽くし。ファンクラブのお得感が凄まじい。

全12球団中最高レベルの充実したサービスを誇るライオンズFC。2019年、年会費5500円レギュラーA会員の場合、最高2800円の内野指定席と交換できる引き換え券が2枚付いてくる。これだけですでに600円お得なのに、さらにユニフォームやバッグなど7点のグッズの中から好きな特典を1つ選べるときた。土日祝の試合ではポイントアップ時にガチャー回200円のピンバッジを無料で貰えるし、シーズン終盤には公式戦招待ハガキも届く。こうして金額面だけでも分かりやすくお得感満載なのがライオンズFCの特徴。「勝つことが最大のファンサービス」なんて言う人もいるけれど、ライオンズFCの物理的サービス攻勢の前でも同じこと言えるの!?

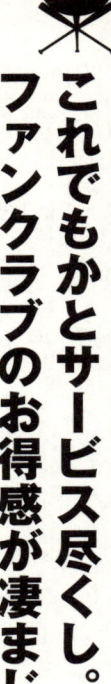

060

伝説再び！炎獅子に続く獅子風流ユニで優勝に向け突っ走る。

公式戦20勝4敗という驚異的な戦績を誇った2017年の炎獅子ユニ。その炎獅子ユニの快進撃にこそ及ばなかったものの、着実にカード勝ち越しを重ね、15勝8敗1分けという立派な数字でチームに勢いをつけたのが獅子風流ユニ。ここ数年、黄色、緑、赤と様々な色のユニフォームに袖を通してきたライオンズの選手たち。しかしファンが望む色といえば、やっぱり黄金期の象徴である青。その青いユニフォームを着た年に優勝できるなんて、正にライオンズファンの本懐！　こんな強い青がずっと見たかった。個人的には獅子風流をサードユニにして欲しいなあ、と。是非ともライオンズに「青」を残してほしい。せっかくレプリカユニも買っちゃったし。

061

温故知新。現代のデザインで甦る懐かしのユニフォーム。ライオンズクラシック。

復刻されたライオンズ歴代ユニで試合に挑む「ライオンズクラシック」。2008年の西鉄から始まり、初代西武、太平洋クラブから東京セネタースという隠し玉まで、何年も続く人気企画だった。特に盛り上がったのが2014年の初代西武ビジユニ。西武ドーム（当時）のレフトスタンドが青一色に染まり上がった。当初、古臭いのではと思われたユニフォームも、今風のシルエットにリデザインされ格好よく生まれ変わった。このライオンズクラシックという企画、単に古いユニを着るだけではなく、球団の歴史を振り返るという意味もある。4年ぶりに復活したライオンズクラシックは04、08年の日本一ユニ。2018年、ライオンズは「優勝」という歴史を今一度繰り返した。

062

今ではすっかり球界のトレンド。限定ユニの数々。

今やどの球団も採用する限定ユニ。ライオンズも07年のサマー・オールドユニから現在に至るまで毎年限定ユニ企画を行ってる。オールドユニは、翌年からライオンズクラシックとして生まれ変わり、途中休みを挟みながら現在も継続中。サマーユニの系譜は08年で早くも途切れるが、12年から西武鉄道100周年アニバーサリー、16年からライオンズフェスティバルズという限定ユニ企画が実現。13年には従来のホーム、ビジターに加えSaitamaユニ、レジェンドシリーズ、ライオンズクラシックと1シーズンに5種類ものユニを着用した。「鷹の祭典」と揶揄されたフェスティバルズも、炎獅子ユニで勝ちまくったら「CSでも着よう!」と一転人気に。勝てば官軍?

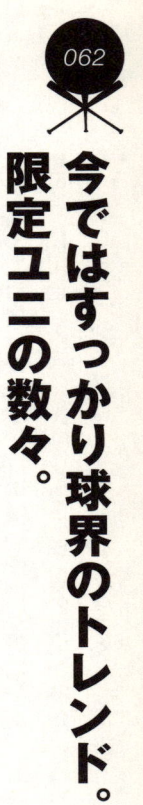

063

黒船襲来。マジェスティック参入でアパレルアイテムが劇的に増加。

仙台遠征の際に、いつも羨ましかったのが球場正面の大型ショップ。ライオンズストアでは見られないような多彩なアパレルグッズで溢れかえっていた。しかし2016年、ライオンズがMLB全球団にユニフォームを供給するマジェスティックと契約してから状況は一変。元々、マジェスティックは豊富なアパレル展開で利益を上げるビジネスモデル。ライオンズと契約後は通常ユニはもちろん、オリジナルデザインユニや個性的なTシャツ、肌寒い時期の観戦に嬉しいパーカーやスタジャンなど、新しい商品がどんどんリリースされた。もう楽天のことは羨ましがらないぞ！　ただ、同じくマジェスティック採用の他球団とデザインがまったく一緒なのがちょっとね……。

064

フラッグ、タオルの2大巨頭時代到来。応援グッズ新トレンド。

ライオンズ応援グッズの主力といえば、得点が入った時などに振って使用するフラッグ。イベントやコラボ企画のたびに新作が発売され、最近は各選手のフラッグも登場。大小サイズも揃って不動の人気商品だ。このフラッグに迫る勢いの応援グッズがタオル。人気選手ごとに「プレイヤーズタオル」が発売され、登板や打席に立つ時などに掲げて応援する。タオル未発売の選手でも、活躍すればシーズン中にその選手の新作タオルが発売されることも。いずれのグッズもフェスティバルズなどのイベントでシリーズ限定のプレイヤーズグッズが発売される。しかも「応援セット」と称した、このセットでしか入手できない限定フラッグやタオルまで。もう財布を振っても塵も出ません。

L23 SHOGO NODA
の だ
なのだ。
L23
だ れ
なのだ？
age26
お の
ののか？
D16 HIDEO NOMO
の も
なのか！
の だ
だよ！
ん？

065

数が増えた？ 反応速度が上がっている！ 成長し続ける記念グッズ。

16年、1試合3本塁打の大活躍を見せたメヒアがお立ち台で放った「メヒアさまさまや！」が大ウケ、その勢いのままグッズが発売された。企画から販売まで1か月強。当時は十分早い対応だと思ったけど、今ではサヨナラ勝ちしたり選手が記録を達成すると、翌日には記念グッズの発売がデザイン画像付きでHPに告知され、ネット上で受注が開始される。さまさまやグッズの告知が発売前日だったことを考えると尋常ならざる高速化だ。おそらく「記録とサヨナラ勝利はグッズを作る」と決めておき、事前にデザインテンプレを用意しているのだろう。発売までには以前同様1か月以上かかるが、ファンの興奮冷めやらぬうちに受注を開始し売り上げを伸ばそうという狙いはしたたかや！

メヒアサマサマヤー！……は
一休
一休
メヒア
さまさまや!
MEJIA
99
休んでばかりいないで働いてね

066

「この担当者、ノリノリである」ファンにも好評、選手ポスターシリーズ。

カラフルな背景にプレー中の選手の大きな画像。その選手画像の上下に踊る独特なフォントの見出し。その見出しも「進化系ダゲキング」「大器覚醒 超ド・エース」「南国の怪童 トバシーサー」とこれまた独特な言葉遣い。ポスターにあるまじきビッチリ書き込まれた本文。これが17年に登場した「選手ポスター」。この派手な見た目の割に地味な名称のポスター、翌年に第2弾が出るほど人気シリーズに。好評の理由は、デザインはもちろん本文の魅力も。スピード感のある文体と「構え」を「フォーム」、「稀」を「レアキャラ」、「男」を「獅子」と読ませるルビ使い。漢字に漢字のルビって。「選手ポスター」でありなら、監督やファンまで登場させるセンスも独特すぎ。

南国の怪童
40
歴代最恐、猛獣打線。主砲は獅子神。
山川穂高
#33
CATCH the FLAG
トバシーサー。
日本生命セ・パ交流戦実施!
玄関に貼っちゃって〜
魔除けになるサ〜

067

ファンの心を無闇にくすぐる、愛すべき「バカグッズ」の数々。

他球団同様、我らがライオンズもグッズをたくさんリリースしている。キャップ、ユニフォーム、タオル、キーホルダー、ぬいぐるみ等々お馴染みの売れ筋商品がメインだが、時々「電車の吊革」「作業用ヘルメット」「しゃもじ」「地下足袋」といった、正気を失ったとしか思えないグッズが店頭に並ぶことがある。我々ファンは、これらグッズを愛情込めて「バカグッズ」と呼んでいるが、中には飛ぶように売れるものも。が、いくらなんでも発売当日の平日ナイター試合開始前に、電車の吊革が完売御礼とは何事か。かく言う筆者も、発売日にはいつもより早く球場に出向いて吊革やヘルメットをゲットした。頭の中で「酔狂スイッチ」がカチッと入る音が自分でも聞こえました。

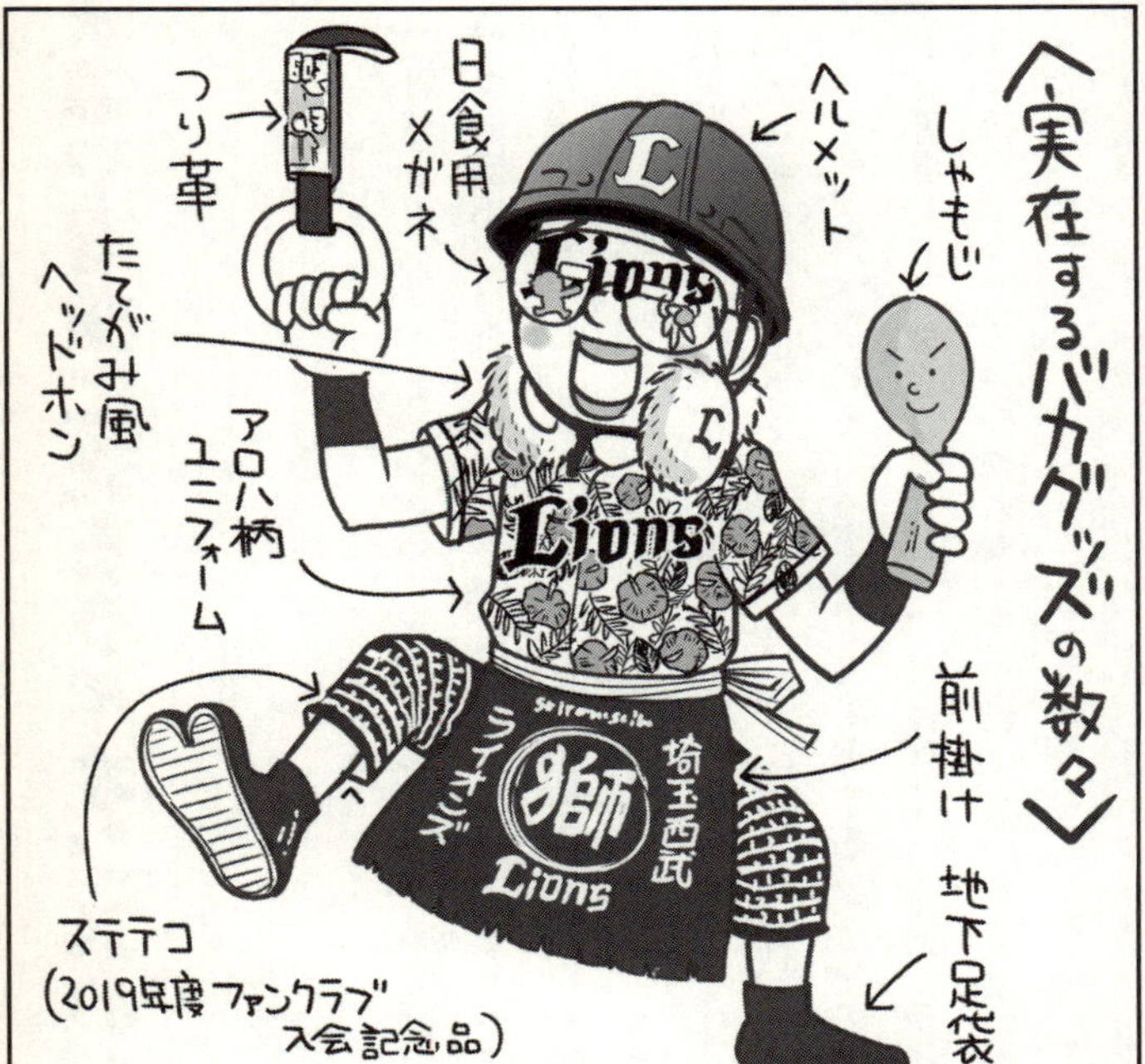
〈実在するバカグッズの数々〉
しゃもじ
ヘルメット
日食用メガネ
つり革
たてがみ風ヘッドホン
アロハ柄ユニフォーム
前掛け
地下足袋
ステテコ
（2019年度ファンクラブ入会記念品）

068

映像や選曲に光るライオンズのセンス。

プロ野球もエンターテインメント。球場では、来場者を楽しませるべく様々な演出が行われている。球場では、マスコットやスタジアムDJ、スタジアムMC、チアリーダーがお出迎えから試合中のイベントまで、終始観客を飽きさせない。特にライオンズは、Lビジョンを使った映像が素晴らしい。試合開始直前に流れるムービーは、エフェクトなど派手な演出は控えめで、試合中の躍動感溢れるプレーが中心。そして、必ず挿入される、スタンドで応援するファンのカット。40周年記念事業のテーマは「共に強く。共に熱く。」だが、ライオンズはそれ以前から選手とファンの一体感を意識していたことが解る。じっくり見たいので、どこかでムービー集を公開してくれないものか。

069

野球の未来を守りたい！子供の野球離れに対するライオンズの真摯な取り組み。

少子化と子供の野球離れが深刻だが、ライオンズはこの問題に対して正面から取り組んでいる。親子でキャッチボールができる場所を整備、ボールの握り方や投げ方から指導。幼稚園や小学校を訪問、ゲームを通して野球体験を提供。ＯＢによる小中学生向けの野球教室にシニア大会の開催。少年野球の指導者講習会。「ボールに触れる」という初歩の初歩から、技術指導、プロへの通過点であるトーナメントまで、子供の野球の入り口から出口までを完全にフォロー。ここまで徹底して野球振興に取り組んでいるのは12球団のうちでもライオンズが随一と言える。これらの活動資金に活かされているのが「野球振興カード」。野球の未来を守るのは、1枚３００円のカード購入から！

070

ファミリー層や女性層。あれやこれやの企画で新規ファン層開拓に余念がない。

観客の実数発表以降、最高の観客動員を達成したライオンズだが、リピーターが多く新規層が少ないらしい。これはつまり、まだまだ動員に伸び代があるということ。新規開拓に向けパ・リーグ全体で「勝利の女神メイク」などの合同企画が行われているが、ライオンズ単体でも女性のみ参加可能な「やきゅウーマンナイト」や、レディースユニを配布した「ウーマンフェスタ」といった女性向けイベントを開催。また、グローブやおもちゃの配布や夏休みの限定アトラクション設置など、キッズ、ファミリー層向けのイベントも多数実施。企画ごとにターゲットを絞り、各方面にアピールをかける。男性向けの企画？野球とチアとビールがあれば、男は黙ってても球場に来るからね。

やきゅウーマン
あのコ
センス
あるなぁ
スカウト
ですか？
新谷
女子野球
日本代表監督

071

オタク層だって取り込みたい。増え続けるアニメ、ゲームコラボ企画。

「アニマエール!」、「バンドリ! ガールズバンドパーティ!」、「ヤマノススメ」。パ・リーグ6球団共同企画にご当地埼玉繋がりと、2018年もいろいろなアニメ・ゲームとコラボしたライオンズ。毎回人気声優も来場し、始球式やイニング間のミニイベント、場内アナウンスで球場を華やかに盛り上げてくれる。そして、そんな声優目当てにマメに球場に足を運ぶアニメやゲームファンのみなさん。律儀に入場料を払い、限定グッズをたっぷり買い込んでくれるお陰で、観客動員もグッズ売り上げも目に見えてアップ。このままライオンズオタクになってくれたら、球団の営業さんもきっと喜ぶ。ちなみに、コラボ試合にオリックス戦が多いのは、観客動員という名の大人の事情。

岡田さん!?
10

072

球団史上初の主催試合で東京ドームを満員にしたった！

2018年4月17日、埼玉西武ライオンズが球団史上初の東京ドーム主催試合を行った。このニュースの発表当初、ファンからは「本拠地から電車で1時間の東京ドームで、何故わざわざライオンズが試合を？」と疑問の声が上がった。しかし試合当日、東京ドームのスタンドがクラシックユニを着たファンで青く埋め尽くされた様子は「壮観」の一言だった。あの巨人の本丸を乗っ取ったった！　してやったり！　ユニ配布があったとはいえ、平日ナイターでこれほど動員できるという事実は、ライオンズというコンテンツにまだまだ魅力があることの証拠と言える。優勝に加えて球場改修もあるし、追い風に恵まれたライオンズの人気はますます高まりそうな予感。

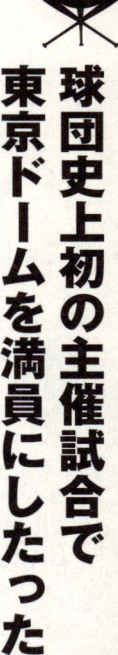

東京ドームを満員にしてやったぞーー!!
俺のおかげだなあああああ♪
ユニのおかげだと思う
SEIBU
Lions
LIONS
TOKYO DOME

073

「現役最年長」に奢らない。レオとライナは意識高い系マスコット。

野球場で、大人子供問わず人気なのがマスコット。ライオンズが誇る人気者、レオとライナはプロ野球現役最年長マスコットだ。2人(2頭?)の積極的にファンと触れ合うサービスぶりやキレッキレのダンスパフォーマンス、レオの最高30回以上のバク転など見所は多いけれど、彼らのもっとも素晴らしい点はキャラクターとしての意識の高さ。ステージ上やグラウンドでのイベント中はもちろん、ただ歩いたり立ったりしている時でもしっかり背筋を伸ばして、それぞれの「かっこいい」「かわいい」キャラを保っている。どんな時でもレオ、ライナとしての自覚と役割を忘れない、中の人の高い意識の賜物と言える。中の人などいない? ですよねー。

指先まで神経を集中させて!!
ハイ!ライナ姉さん!!
Lions

074

交通系ICカード「PASMO」は、使い方次第で2度美味しい。

公共交通機関はもちろん、コンビニや自販機での買い物にも利用できて普及率の高い交通系ICカード。親会社が西武鉄道とあって、メラドでも多くの場所で「PASMO」始め交通系ICカードが使用できる。このPASMO、西武グループのSEIBU PRINCE CLUBクレジット機能付メンバーカードと紐付けすると、ライオンズストアやメラド各売店などサービス加盟店での買い物でポイントが貰える。そして貯まったプリンスポイントはライオンズFCのLポイントに等価交換可能。つまり、FC会員がメラドで紐付けPASMOを使って買い物したら、実質余計にLポイントが貰えるということ。たまに球場で入会キャンペーンをしているので、興味のある方は是非。

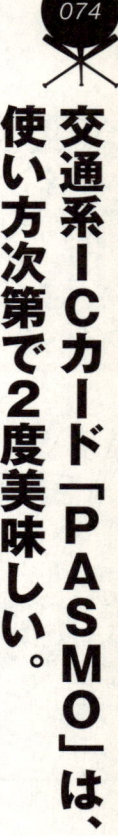

075

果敢な試み「Ｌｉｏｎｓ Ｗｉ－Ｆｉ」。できればもっと繋がりやすいと……。

現在ほとんどの球場で使えるフリーＷｉ－Ｆｉだが、メラドでは球場専用の「Ｌｉｏｎｓ Ｗｉ－Ｆｉ」が用意されてる。試合開催日、Ｗｉ－Ｆｉ接続後に自動で誘導されるＨＰで簡単な認証作業をするだけで、誰でも気軽に使用できる。面倒な登録の必要もなく、ＨＰは詳細なデータやビンゴゲームなどコンテンツも充実。が、接続してもなかなかＨＰに誘導してくれないし、そもそも繋がりにくい。アクセスポイントは球場内外に１００以上あるそうだけれども、万単位で人が集まる場所だけに重い、繋がりにくいは仕方ないのか。試合を見つつネットで情報収集したりＳＮＳでつぶやいたりという時代に、２０１３年からサービスを開始した先見性は素晴らしい。あとは利便性だけ！

076

紙チケットからスマホチケットへ。「Quick Ticket」普及への道のりは。

2017年から運用開始のスマホチケット「Quick Ticket」。LINEアプリを利用するため専用のアプリをダウンロードする必要がなく、また直接相手に会わずにLINEでチケットの引き渡しができるのが特徴。もちろん紙チケットのような発券の手間もない。しかし実際に使ってみると、従来のネット予約「チケットレス」なら手数料無料なのにQuick Ticketは108円かかる、入場前に荷物検査があるのにスマホを取り出して画面操作しなければいけない等不自由を感じることも。チケット転売防止に力を入れる球団のこと、転売不可能なこのシステムを普及させたい狙いもあるだろうが、Quick Ticketの普及はクイックといくだろうか。

077

台湾公式戦開催がどんどん尻つぼみになっていく。

西武では郭泰源以降数々の台湾出身選手が活躍し、現在も郭俊麟と呉念庭が在籍中。かつて渡辺SDがプレーしたこともあり以前から縁の深い台湾だが、2015年から「台湾デー」、2016年から台湾プロ野球「統一ライオンズ」とのコラボで関係はますます親密化。となると期待が高まるのが西武ライオンズの台湾公式戦。2002年には当時のダイエー対オリックス戦開催の実績があり、西武鉄道は台湾鉄路管理局と姉妹鉄道になるなど実現間近かと思われたが、この頃ちょっとトーンダウン。統一とのコラボ企画で、あちらはオリジナルユニを作るほど気合十分なのにこっちはグッズがメガホンのみだし、郭、呉もイマイチ。遠征中毒としては、台湾、行ってみたいなあ……。

078

地元埼玉ファンはみんな見てる?「LIONS CHANNEL」MC陣はファンサ◎。

ファンの聖典とも言うべき貴重なライオンズ情報番組、それがテレ玉の「LIONS CHANNEL」だ。メインMCがあさりど堀口文宏に代わってからは、スタジオを飛び出しロケメインに。そのせいもあってか、選手が画面に登場する機会が一層増えた。堀口氏自身が大の西武ファンであり、見ていて共感できる部分が多い。来季からコーチを務める平尾の、上下関係を活かして選手にズバズバ切り込むインタビューも面白かった。球場で見かけた際、堀口氏を始め過去のアシスタントの方々にサインをお願いしたことがあるが、まあみなさん「もちろん!」「喜んで!」とファンサービス最高。とはいえ、声掛けはタイミングをみて。撮影中にサインをおねだりなさりませぬよう。

ライオンズファン必見番組といえば テレ玉「LIONS CHANNEL」
ですが 他にも色々あるぞ!!
秋山も聴いてる!
文化放送「ライオンズナイター」&「Lプロ」
アップルパンチ発祥の地 FM NACK5「サンデーライオンズ」
インタビュー中心 J:COM「LTV」
二軍コーチガンバリます!
平尾

079

森祇晶、松崎しげる、デストラーデ、渡辺美里……40周年にかける球団の本気度。

2018年は所沢移転40周年を記念し様々な企画が行われた。中でも力が入っていたのがライオンズフェスティバルズ期間中のゲスト陣。開幕カードには森祇晶、松崎しげると2日続けてレジェンドを招き、3日目には「不敗神話」のオードリー春日。三段落ち？　でも今回もきっちり勝つから春日偉い。他にも西武黄金期の主砲デストラーデ、西武球場で20年に渡りライブを行った渡辺美里とライオンズに縁の深いゲストが球場を訪れた。フェスティバルズ及びクラシックに黄金期の球団カラー「青」を持ってきた事といい、過去40年への誇り、愛情、そして先達への敬意を存分に感じることのできる1年だった。その40年を礎に、球団がどんな未来を描いていくのか期待したい。

40周年を彩ったレジェンドBIG4
渡辺美里
デストラーデ
森祇晶氏
トゥース！
なんで！俺だろ!!
春日あああああああああ

080

森祇晶、東尾、石毛……。いろいろあっても結局ライオンズを愛してる偉大なOB達。

トークショーに呼ばれ「優勝した時に職員が来なかった」「日本シリーズの試合前に球場のビジョンで選手が知るより先に監督退任が発表された」と、在籍末期の恨み節を吐きつつ、現在も遠くハワイで西武を見守り続ける森祇晶。不祥事が元で現役引退したものの、後に西武の監督を勤めた東尾修。監督要請を断り西武最初期のFA流出となったが、現在も度々ゲストとして登場する石毛宏典。昔は色々あったけど、みなさんの話からは、強いチームで頼れる仲間と何度も日本一に輝いたあの頃を心から懐かしむ気持ちがよく伺える。彼らもきっと「あの頃のライオンズよ、もう1度！」と願ってるに違いない。現役のみなさん、偉大な先輩達のためにもよろしく！

081

YOUは何しに日本へ？助けてくれない「助っ人」列伝投手編。

毎年日本にやって来る、いわゆる助っ人外国人。みんな期待されて来日するが、ハズレのほうが多いのが現実。西武も昔から自前で外国人投手、特に先発を探すのが下手。松坂の代わりに獲得した「本物のメジャーリーガー」ジェイソン・ジョンソンは、メジャー通算55勝。日本通算1勝。1勝3億5千万円。高い買い物でした。2014年レイノルズ入団。「長身の軟投派です」↓3勝。ファン「軟投派外人投手はダメだな」。翌年ルブラン入団。「長身左腕の軟投派です」↓2勝。ファン「軟投派外人は左でもダメだな」。さらに翌年、バンヘッケン入団。「長身左腕の軟投派です」↓0勝。学習しろよ！　郭泰源に続く自前当たり外国人先発投手、未だ現れず。

082

YOUは何しに日本へ？助けてくれない「助っ人」列伝野手編。

投手に比べ、ライオンズの外国人野手は比較的当たりが多い。とはいえ、実際はハズレのほうが当たりをずっと上回る。最近では何といってもランサムが出色。当時の伊原監督からの「守備力と機動力のある選手を」という意向を受けたフロントが獲得した現役バリバリのメジャーリーガー。当然期待されたが、フライを見失うわ、前の走者が止まってるのに気づかず進塁しようとして挟殺されるわ、打撃はさっぱりだわで走攻守全部ダメ。なぜか応援歌だけはやたらカッコよかった。他にも「クソ真面目」トレンティーノ、シアンフロッコ、ブロッサー。「来日初試合初ホームラン」ジンター、ポール、マルハーン。「日本に観光しに来た社長」セラテリなどなど。みんな元気かなあ。

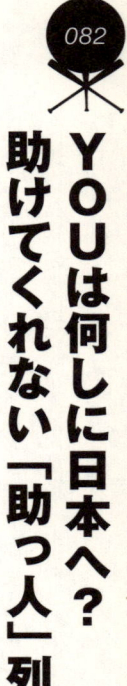

083

ライオンズファンの有名人には思わず親近感を覚える。

ライオンズには有名人、著名人のファンがたくさんいる。芸能人では吉永小百合が黄金期からのファンとしてよく知られている。小倉智昭、ウエンツ瑛士の熱烈ファンぶりはご存知の通り。お笑いでは、言わずと知れたオードリー春日。獅子風流ユニフォーム発表会も、一般のファンに交じって普通にグラウンドで見ていたそう。中川家礼二は球場だけでなく南郷キャンプにも足を運ぶほど。バナナマン設楽は芸人になる前は西武鉄道での勤務経験も。アイドルではSKE48の惣田紗莉渚や仮面女子の猪狩ともか、声優では佳村はるか、優木かな、上村彩子などなど。テレビを見てて「この人ライオンズファンなんだ」と思うと親近感が沸いてくる。お昼時も、すき家に入っちゃうね。

084

猪狩ともかの姿勢が前向きすぎて、感涙が止まらない。

大の西武ファンで、17年には念願だったメラドでの始球式を行った仮面女子・猪狩ともか。彼女が見舞われた下半身不随の重症を負う事故に、仮面女子ファンのみならず多くのライオンズファンも衝撃を受けた。しかし、彼女はたった1か月で自分の身に起きた出来事を受け入れ、ポジティブに生きることを選ぶ。8月に復帰したステージでも、入院中から更新していたブログでも、とにかく人を喜ばせたい、楽しませたいという姿勢が溢れてる。そんな心の余裕が持てなくたって仕方ないはずなのに。9月には、メラドで2度目の始球式を行った。今回の投球はツーバウンドしてしまったが、彼女ならいつかきっと努力の末に、目標のノーバウンド始球式を成し遂げられるだろう。

この次は
別の
ユニフォームを
持ってきますね
ありがとう
ございます！
ナカジさんと
野上さんと
片岡コーチの
サインも
お願いします！
SUMITANI
27
Lion
Lion

085

他球団にもいるよ！ライオンズファンの野球選手。

プロ野球選手だって人の子、好きなチームがあるのは当たり前。他球団の選手でも、実は元々西武ファンだと言われると、なんだか少し気になってしまう。東村山出身の鳥谷は、FA権獲得の際に西武入りを囁かれた。今季までメジャーの岩隈は自著で西武ファンを告白。義父は元西武の「左殺し」広橋だ。朝霞出身・ソフトバンクの中村晃。西武に来たら、中村晃・秋山・外崎って外野が凄いことになるぞ。楽天藤平やロッテ関谷も西武ファン。東村山出身の楽天オコエも子供の頃に西武ドームに通った。オコエは、ブログ開設や自主トレシーズンにグァム観光など、面白エピソードばかり量産して肝心の野球が今一つだけど、「育成の西武」に来ていたら、また違った結果だったのかも。

086

過剰な成長が止まらない。杜の都の赤い楽天城。

近年、メジャーの流行に倣いボールパーク化が進む日本プロ野球各本拠地球場。メラドも快適で楽しい球場作りの真っ最中だけど、楽天本拠地の「楽パー」こと楽天生命パーク宮城は、そんな西武始め他球団をぶっちぎりダントツでボールパーク化が進行している。毎年のように何らかの施設や席種が変化、増加し続けているこの球場。観覧車やメリーゴーランド、トランポリンや遊具が居並ぶ様はボールパークと言うよりアミューズメントパーク。そんなの野球とは関係ない？　楽しければいいじゃない、エンターテイメントなんだから！　と開き直ったような姿勢は嫌いじゃない。じゃあ、メラドに観覧車が欲しいかって言われたら「……」だけど。それより、岸と浅村を返してください！

087

昔のお得意様も立場逆転。果たせ、ホークスへ逆下剋上！

かつて20年間勝ち越し続けてきたホークスも、今やすっかり苦手球団。17年はビジター戦1勝11敗とほぼ完敗し、ライオンズ発祥の地・福岡はもはや鬼門。逆にホークスファンからは「メラドは鬼門」と言われ、今季は久々に勝ち越したけど、CSではしっかり西武をコテンパンに。そういうとこが怖いのソフトバンク！　外国人とFAで的確に戦力補強しつつ、3軍制で育成環境も充実。今のライオンズじゃとても真似できない。うちだって……昔は金持ちだったんだぞ！　やっかみも加わり、ホークス憎しの感情は高まるばかり。来季こそ必ずリベンジを！　とりあえず、十亀は毎試合のように松田に一発を浴びるのをなんとかしてほしい。これが本当の一発芸！　って笑えないよ。

投げる前から
投げた後の
顔になってる!!

088

オリ姫、バファローベル、BsGirls。野球以外の仕掛けは上々。オリックス。

日本一の球場と呼び声高い、ほっともっとフィールド神戸を準本拠地に、アクセス抜群ながら球場としての評価は決して高くない京セラドーム大阪を本拠地に持つオリックスバファローズ。これらの球場で、ライオンズがオリックスブルーウェーブや近鉄バファローズと死闘を繰り広げたのも今は昔。女性ファンを「オリ姫」と命名したり、人気のマスコット・バファローベルの写真集を出版したり、メンバーの金髪率球界No．1の「BsGirls」をCDデビューさせたりとイメージ戦略は上手くなったけれど、野球が強いか、ライオンズのライバルかと言われると、「うーん」って感じ。どうやらマスコットは育っても選手の育成は難しい模様。

089

ＦＡ流出1位と2位。西武と日ハムの因縁と皮肉。

西武同様ＦＡによる選手流出の多い日本ハム。ただ、西武が球団や設備への不満から選手が出ていく（想像だけど）のに対し、日ハムはフロント主体で計画的かつドライに選手を放出する印象。どちらがいいかと聞かれれば、ファンとしてはどっちも嫌ですが。ちなみに、そもそも西武による札幌ドーム準本拠地構想があったため2004年の日ハム北海道移転の際にはひと悶着あった。それも大人の話し合いで無事解決。したかと思いきや、年に数回行われる日ハム東京ドーム主催試合に西武戦が組まれないなど裏では両者の因縁が続いていた模様。2017年にようやっと当該カードが組まれたが、この年に日ハムの札幌ドームからの「流出」が決定的になったのは何とも皮肉なお話。

090

ファンのほうが熱くなってる？ロッテとの「埼玉対千葉」ライバル関係。

埼玉と千葉といえば、言わずと知れた首都圏3番手争いのライバル同士。横浜を擁する神奈川には敵わないけれど、こいつにならら勝てる！と妥協の上に成立したプライドが何だかちょっぴりもの悲しい。そして、日本全国、世界各国から集まった選手達より、西武とロッテそれぞれの地元ファンの方がずっと「ライバル」という構図に拘っている。ロッテとのビジター戦ともなれば、苛烈なマリーンズファンの応援に怯むことなく、平日ナイターの帰宅時刻が0時前後になっても、帰りの京葉線で舞浜からリア充カップルが大量に乗車してきても、はるばる西武沿線から幕張まで駆けつけるのが訓練されたライオンズファン。実は海と花火と「謎の魚」が大好きなのは内緒。

091
いつまでたっても消えることのない「球界の盟主」巨人へのライバル心。

西武が黄金期を迎えるにあたり、越えねばならなかったのが巨人という壁だった。すでに圧倒的な強さはなかったが、依然巨人は球界の盟主として絶大な人気を誇っていた。その巨人をライオンズは、日本シリーズの大舞台でちぎっては投げちぎっては投げ。90年には4勝0敗と圧勝し、この世の春を謳歌した。初めて巨人に負けた94年と4タテを食らった02年も、相手が巨人だと思うと格段に悔しかった。時は移り、現在。ライオンズはすでに黄金期ではなく、巨人は人気球団ではあるけれど球界の盟主かと言われると疑問が残る。それでもライオンズにとって「日本一になる」ということは「巨人を倒す」ことだと思うのは、ノスタルジックが過ぎるだろうか。

092

松坂大輔が西武戦で投げる！→まさかのオチに満員のファン驚愕。

言わずと知れた松坂大輔が、本人も「違和感しかない」という中日ユニに身を包みメラドに降臨！　日本球界復帰後、対西武公式戦初登板。日曜ということもあり、球場には満員のファンが詰めかけた。松坂が練習してる！　遠投を始めたぞ！　かつての西武不動のエースの一挙手一投足にスタンドの視線が集まった。しかし試合開始直前、場内に非情なアナウンスが。「中日ドラゴンズ、先発ピッチャーの変更をお知らせいたします」。……え？　えええええ⁉　おい、見ろよこの満員の客席！　みんな松坂を見にきたんだぞ⁉　今さら変更って！　この後、西武打線は代役藤嶋にコロッと抑え込まれる。松坂の投球は見れないわ西武は負けるわ、ライオンズファンにとって実に災難な1日だった。

ライオンズファンの皆さん
緊急登板の藤嶋クン
ごめんなさい
オレにも謝れ！
CHUNICHI
CHUNICHI

093

中日ドラゴンズには松坂と辻監督と小川の件でお礼を言いたい。

17年オフ、松坂大輔を中日が獲得したというニュースが野球ファンをざわつかせた。西武との交流戦当日には別の意味で球場をざわつかせる、という変な落ちもついたが、曲がりなりにも松坂を復活させてくれた中日には感謝したい。中日でコーチを務めていた辻に西武監督就任の話があった際、当時の落合GMが「コーチなら出さないが監督なら話は別」と、移籍を快諾。古くは田尾や平野といった主力級をトレードで獲得、最近では緊急補強した小川が大はまり。西武から中日にFA移籍した和田一浩も活躍したし、中日と西武、両球団の関係は良好といえる。日本シリーズでは3回対戦して3度ともライオンズが日本一に輝いた。ライオンズにとって相性のほうも良好な模様。

諸々ありがとうございました。
これからもよろしくお願いします。
いやいやこちらこそ…
うおっ!これ食べてみたかったんですよ!
十万石まんじゅう

094

ヤクルト戦では神宮球場の通路が丁度よすぎて駆け回らずにはいられない。

かつて日本シリーズで名勝負を繰り広げた西武とヤクルト。最近は交流戦で対戦するくらいだが、2年に1度の神宮球場での試合を待ちわびてる人達がいる。ライオンズファンの外野応援派だ。西武がチャンスの時に演奏される曲の1つに「チャンテ2」があるが、神宮の外野外周通路がチャンテ2に丁度いい。何に丁度いいかって？　走るのにだ！　チャンテ2は曲に合わせて左右に歩いて移動するのが特徴だが、溢れる野生と有り余る体力を制御できない一部の若き獅子たちは、この外周通路を全速力で走る走る！　応援団も神宮ではチャンテ2をヘビーローテーション。「またかよ」と息を切らせつつ嬉しそうに全力疾走を再開するファン。なんなの、もう。当然よい子は真似しないでね。

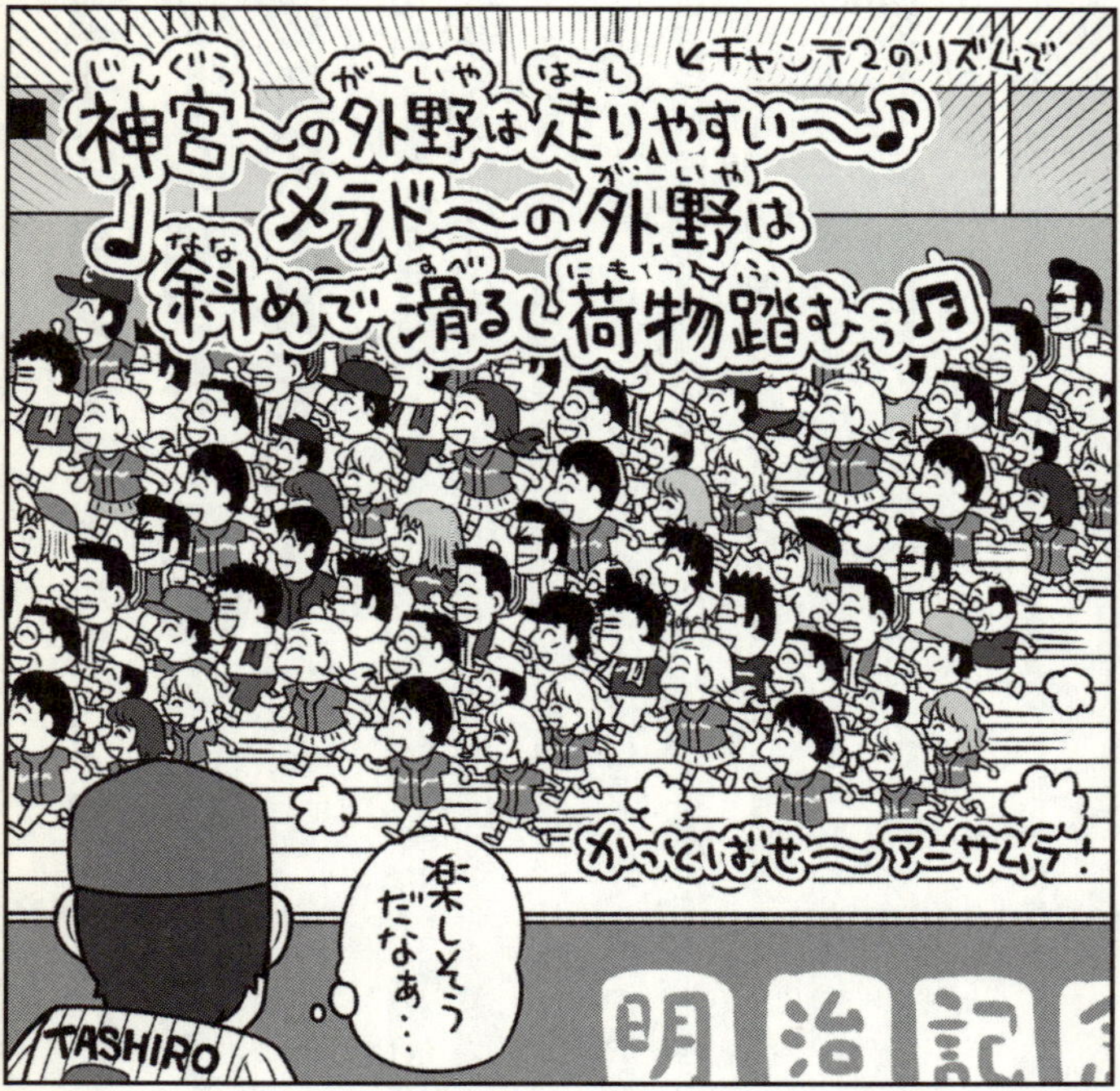
↙チャンテ2のリズムで
神宮《じんぐう》〜の外野《がーいや》は走《はーし》りやすい〜♪
♪メラドー〜の外野《がーいや》は
斜《なな》めで滑《すべ》るし荷物《にもつ》踏《ふ》むぅ♪
かっとばせ〜〜アーサムテ!
楽しそうだなあ…
TASHIRO
明治記

095

コリジョンサヨナラ、リクエストゲームセット。因縁の深いカープ戦は、近年のドル箱カード。

16年、ズムスタで行われたカープ対ライオンズの交流戦初戦は、その年導入されたコリジョンルールにより判定が引っくり返り広島のサヨナラ勝ち。2年後の同球場同カードの最終戦は、やはりその年から導入のリクエストによって判定が覆り今度はライオンズの勝利。導入されるや早速新ルール絡みで試合が盛り上がるあたり、このカードには、不思議なドラマを生み出す面白さがある。そもそも1986年の日本シリーズでは長い球史の中で唯一第8戦まで戦った因縁のある両球団。最近のメラドでは巨人、阪神以上にカープ戦の集客が凄まじいし、2018年の西武対広島の日本シリーズはさぞ盛り上がる……え、ライオンズCS敗退？　こんなドラマは見たくなかったよ……。

096

ライオンズとベイスターズはなんだか色々すれ違ってる。

埼玉と神奈川、それぞれ「山」「海」と正反対のイメージの本拠地を持つライオンズとベイスターズ。チームカラーも西武の青↓紺、横浜の紺↓青とすれ違いの逆コース。過去に何件かトレードもあるけれど、ライオンズで戦力になったのは渡辺直人くらいか。土肥、後藤、長田がベイスターズで戦力になってることを考えると、戦力のすれ違いに少々不満あり。17年は98年日本シリーズの借りを返すチャンスだったが、西武が力及ばず、それも果たせず。西武鉄道など私鉄5社相互乗り入れで、所沢と横浜は乗り換えなしで行き来ができるように。でも、埼玉↓横浜は順調らしいけど逆はそうでもないらしく、ここでもすれ違いが。埼玉に来いよ、ハマッ子たち！

097

ライオンズのホームですら、阪神ファンには圧倒されっぱなしである。

派手な刺繍を背負い込み、ニッカポッカを履きこなす。ガニ股で颯爽と練り歩き、我が物顔で敵ホームスタンドに乗り込んでくる。複数存在するタイガーマスク。オレンジ色のいたいけなぬいぐるみを引きずって歩く。そう、彼らの名は阪神ファン。本当に我々は野球観戦という同じ目的で球場に来ているのだろうか。とってもカルチャーショックを感じてしまう。そして正直ビビっちゃう。1人1人のファンの個性も強いが、数がまた圧倒的。なんでメラドの平日ナイターで青いバルーンより黄色いバルーンのほうが多いのか。それでまた阪神ファンは声がでかいんだ。もうビビり死んでしまうよ。でも、阪神タイガースと阪神ファンにこれだけは言いたい。榎田をどうもありがとう！

098

遠征は、行きはよいよい帰りはしんどい。

野球中毒の症状が進行しすぎると、止められなくなるのが遠征。来季公式戦の日程が発表されると「次はどこに遠征に出かけようか」とつぶさに日程表を眺めてしまうのが主症状の一つ。飛行機やホテルを早めに押さえるのも腕の見せ所だが、直前になってスケジュールの都合がつき、急遽遠征に行けることになるのもまた醍醐味。出発時はテンションが上がって早起きもなんのその。思わず家を出る時からユニフォームを着ちゃうのは解るとして、試合のない移動日にまでユニ姿で街をぶらつく人は上級者すぎてついていけません。そして帰りは肉体疲労に加え旅や休日の終わりの哀愁も重なり、かなりブルーに。新幹線や飛行機の振動が胃に来るんだ、これが。

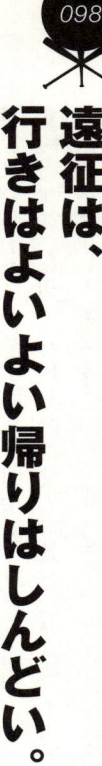

099

勝ち越せれば上々、優勝なんて夢の夢。交流戦ではいまいち勝ちきれない。

10年以上の交流戦の歴史で、西武が優勝（現在は「最高勝率」）した回数は、実に0回。リーグ対戦成績はほぼ毎年パが勝ち越しているが、西武はいまいち勝てない印象。順位的には上過ぎず下過ぎず、毎年だいたい真ん中あたりをほわーんと漂ってる。飽くまで目標はリーグ優勝と日本一だから！　って、それもなかなか達成できてないのですが。そんな次第なので、実はほぼ毎年勝ち越していると聞くと意外な感じ。対巨人と阪神はドル箱カードだけど、最近は広島とDeNAも人気。球場の半分が黄色や赤に染まって目がチカチカする。こちらとしても普段行かない球場に行けるのは魅力。筆者は特にズムスタが好きだけど、最近のカープ熱には戸惑い気味。チケットが手に入らん……。

100

「CS？　Aクラス常連のライオンズのための制度じゃん！」まさかその10年後……。

パ・リーグに現在のクライマックスシリーズ（CS）の前身であるプレーオフが導入された時、西武ファンは大喜びだった。何故なら、それまでライオンズはペナントレース22年連続Aクラスながら、リーグ優勝の回数は減少していたから。そして実際、その初年度である2004年はシーズン2位から日本一に。これで毎年優勝して黄金期再来だ！　しかしその後、日本シリーズに進出できたのは2008年のみ。CSに出てもなかなか勝てないばかりか、導入10年後の2014年から3年連続Bクラスの憂き目にも。出て当たり前と信じて疑わなかったCSに何年も出られない。もうライオンズは伝説の強豪チームじゃないんだ。ファンは悲しい現実を受け入れるよりほかなかった。

101

球史に残る山賊打線は、派手に戦い、辻監督の涙と共に散った。

チーム打点と盗塁数1位、本塁打数2位。最多安打の1番。打点王の3番と本塁打王の4番の100打点コンビ。とにかくド派手に攻めド派手に点を取りまくった2018年のライオンズ。その迫力ある打棒で、ついに1度たりとも首位の座を明け渡すことなくパ・リーグ優勝を果たす。特にシーズン終盤の12連勝は圧巻だった。しかし最後はCSで、投手陣がホークス打線を相手にド派手に炎上して散っていった。おそらくは自身の理想とは違う野球で、それでも絶対勝つんだと奮闘するも及ばず敗れた辻監督の号泣に、ファンは一緒に涙を流しつつ来期以降の希望を見た思いがした。若手の成長や新戦力で弱点の投手を整備して、2019年こそ監督と共に嬉し涙を流したい！

カントクー!!
ガンバレー!
辻さーーん!
ありがとー!
よくやったー!!
悔しいです!
…しまった 俺も泣くんだった…
僕は泣きましたよ 選手会長

102

雄星の穴は埋まった！大学No．1投手・松本航を西武得意の一本釣り！

大変な盛り上がりを見せた第100回夏の高校野球。その影響は、ドラフトで12球団中11球団の指名が甲子園のスター選手たちに集中するという展開を生み出した。そんな他球団の隙を突き、我らが西武は日体大の松本航を単独指名。これが多和田、今井、高橋光成、森友哉、十亀を獲ってきた、西武得意の一本釣りだ！　防御率両リーグワースト、雄星メジャー挑戦という状況下、安定感抜群の即戦力先発投手の獲得は、100点満点中120点！　2位の地元浦和学院、渡邉勇太朗投手は、数年後にはローテの柱に成長すること間違いなしの逸材。即戦力のエースと未来のエース、1度のドラフトでエースを2人も獲れちゃったよ！　と今から喜ぶのは、捕らぬ狸のなんとやら？

目指せ新人王!
目指せ大谷投手!
俺を目指してよ…

103

「ライオンズ10周年ごとに優勝」の法則。

西武ライオンズには、10周年ごとに優勝するという謎の法則がある。10周年目の1988年は中日を破り日本一に。まあ、この頃は10周年もなにも毎年のように優勝してたんだけど。20周年目は、リーグ優勝を果たすもベイスターズに敗れ日本一を逃す。この辺りは日本シリーズに出ては負けるという、黄金期からの凋落時代。「埼玉西武ライオンズ」1年目でもあった30周年目は、巨人を破って4年ぶりの日本一。ライオンズ新時代の到来を信じていたファンは、この後に暗黒期が待ち受けていることなど知る由もなかった。そして40周年。空腹の時のメシが普段より美味いように、10年ぶりの優勝は至上の喜び。でも、もう2度とこんなに待たせないで欲しい。

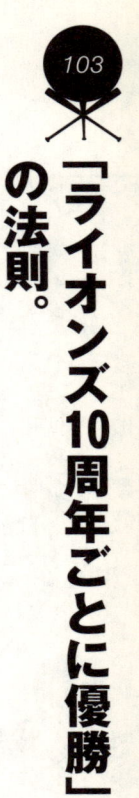

[著者略歴]
浮間六太（うきま・ろった）
東京都出身。生まれた時からずっと西武線沿線住人だったため、気づけば息をするように自然とライオンズファンに。その熱は未だ冷めることなく、2018年はライオンズの公式戦を101試合観戦する。2011年より、観戦記とグルメリポートを中心としたブログを開始。現在、会社員として勤務しながら、所沢密着のポータルサイト「所沢なび」にて、埼玉西武ライオンズ担当ライターとして活動中。

ブログ　http://ukimarotta.blog.fc2.com
所沢なび　http://tokorozawanavi.com

画／コダイラショウヘイ
東京都小平市出身。父親が「西武運輸」に勤めていたことから、所沢移転と同時にライオンズファンに。学生時代は西武球場でビールの売り子やベンチの掃除のバイト歴も。シーズン中は全試合、ラジオ、ネット、SNSのトリプル観戦を欠かさない、ライオンズマニアなイラストレーター。

ライオンズファン解体新書
～南国の怪童トバシーサー山川～

2019年1月1日　第1刷発行

著　　者　　浮間六太
イラスト　　コダイラショウヘイ
発 行 者　　本田武市
発 行 所　　TOブックス
〒150-0045 東京都渋谷区神泉町18-8
松濤ハイツ2F
電話 03-6452-5766（編集）
0120-933-772（営業フリーダイヤル）
FAX 050-3156-0508
ホームページ　http://www.tobooks.jp
メール　info@tobooks.jp
印刷・製本　　中央精版印刷株式会社

ISBN978-4-86472-763-1　Printed in Japan